NOUVELLE JURISPRUDENCE

TRAITÉ PRATIQUE

sur les

2270
—
1

HONORAIRES

des

ARCHITECTES

EN MATIÈRE DE TRAVAUX PUBLICS ET PARTICULIERS

PAR O. MASSELIN

EXPERT PRÈS LE TRIBUNAL DE MAÇONNERIE DU PALAIS DE JUSTICE
MEMBRE DU CONSEIL D'ADMINISTRATION DE LA CHAMBRE SYNDICALE DES PROPRIÉTAIRES
DE PARIS
CHEVALIER DE LA LÉGION D'HONNEUR, AUTEUR DES TRAITÉS SUR LES DOMMAGES
et sur la *responsabilité* des architectes et entrepreneurs
et sur la *mitoyenneté*

PARIS

BUCHER & C.   COTILLON & C.   BAUDRY   V. MORE...

1877

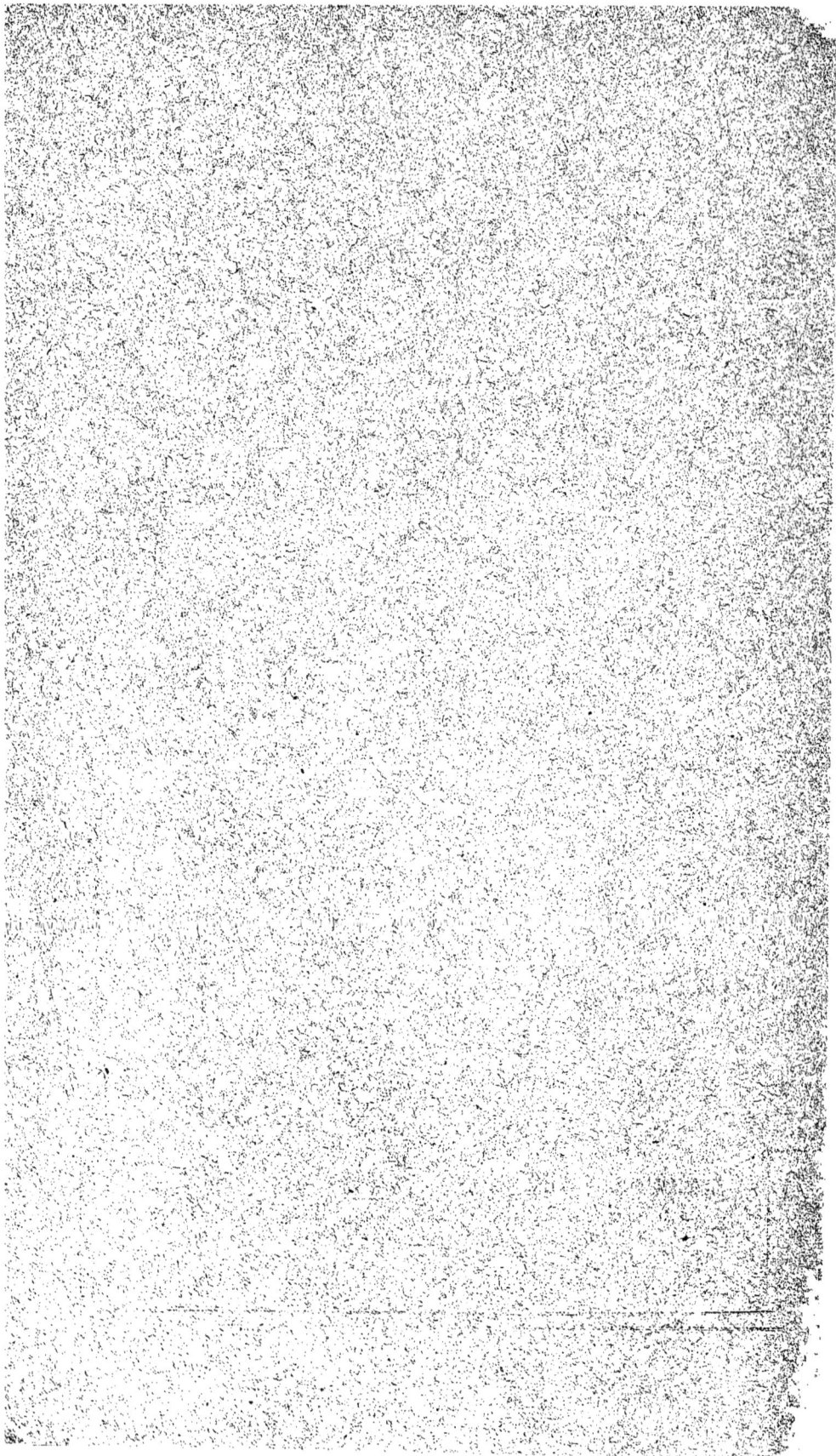

NOUVELLE JURISPRUDENCE

ET

TRAITÉ PRATIQUE

SUR LES

HONORAIRES

DES

ARCHITECTES

Les exemplaires non revêtus de la signature de l'auteur seront réputés contrefaits.

Exemplaire n° 414. 1re édition.

L'auteur :

Paris. — Imprimerie Arnous de Rivière, rue Racine, 26.

NOUVELLE JURISPRUDENCE

ET

TRAITÉ PRATIQUE

SUR LES

HONORAIRES

DES

ARCHITECTES

EN MATIÈRE DE TRAVAUX PUBLICS ET PARTICULIERS

PAR O. MASSELIN

(N. C.)

ENTREPRENEUR DES TRAVAUX DE MAÇONNERIE DU PALAIS DU TROCADÉRO
MEMBRE DU CONSEIL D'ADMINISTRATION DE LA CHAMBRE SYNDICALE DES ENTREPRENEURS
DE PARIS
CHEVALIER DE LA LÉGION D'HONNEUR, AUTEUR DES TRAITÉS SUR LES *murs mitoyens*,
SUR LA *responsabilité* DES ARCHITECTES ET ENTREPRENEURS
ET SUR LE *métré des travaux de maçonnerie.*

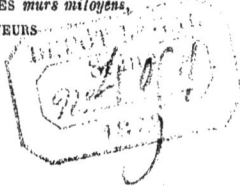

———— ❦ ————

PARIS

DUCHER & Cie	COTILLON & Cie	BAUDRY	V. MOREL
51, RUE DES ÉCOLES	24, RUE SOUFFLOT	15, RUE DES Sts-PÈRES	6, RUE BONAPARTE

1879

©

PRÉFACE

———

Dans les avant-propos de nos divers ouvrages :
« *Responsabilité des architectes et entrepreneurs* »
— « *Murs mitoyens* » — « *Devis dépassés et travaux supplémentaires* » — nous avons dit qu'un
ouvrage de droit, pour avoir quelque autorité, devait
être le résumé exact de la législation et de la jurisprudence. Nous ajoutions que notre règle invariable
était de puiser aux sources mêmes de la doctrine des
Cours et Tribunaux, les éléments constitutifs de nos
diverses publications.

C'était et c'est là encore une vérité qui s'impose,
vérité profonde qu'il faut proclamer bien haut.

La jurisprudence est le guide le plus sûr qu'un
auteur puisse suivre dans le cours d'une étude traitant du droit.

Pour le présent ouvrage, comme pour ses devanciers, notre seul mérite consiste donc à analyser, le plus clairement possible, toutes les décisions rendues en matière d'honoraires d'architectes : soit par la Cour de cassation, les Cours d'appel et les Tribunaux de première instance pour les travaux particuliers — ou soit par le Conseil d'État et les Conseils de préfecture pour les travaux publics.

Une analyse fidèle, faite sans parti pris, présentée avec méthode, logique et clarté, nous paraît être le but à atteindre.

Ce but est-il atteint ?

C'est au lecteur qu'il appartient de résoudre cette question fort délicate.

O. MASSELIN.

CHAPITRE PREMIER

PRINCIPES GÉNÉRAUX DE LA LÉGISLATION
ET DE LA JURISPRUDENCE

---

§ 1. — Travaux particuliers. — État de la jurisprudence.
Existe-t-il une réglementation quelconque fixant le taux des honoraires ?

§ 2. — Travaux publics. — État de la jurisprudence. — Réglementation *légale* du taux des honoraires :
Quid, pour dépenses excédant les devis ?
Architecte à traitement fixe. — Lui est-il dû des honoraires proportionnels ?
Quid, pour projets dressés en vue de fournir de simples renseignements au Conseil municipal ?

§ 3. — Les honoraires d'architectes doivent-ils être calculés avant rabais :
1° Pour travaux publics.
2° Pour travaux particuliers.
Y a-t-il une distinction à établir pour travaux à forfait, et ceux traités sur séries de prix ?

§ 4. — Travaux publics ou particuliers, exécutés à *la campagne* ou en dehors du ressort du domicile de l'architecte.
Travaux à la campagne. — Si les prix de la localité ou si les prix consentis par l'entrepreneur sont notablement moins élevés que ceux de la ville ou l'architecte exerce ; sur quelles bases les honoraires doivent-ils être fixés ?
Quid, si l'architecte habite Paris ?
Quid, si l'architecte habite hors de Paris ?

1

CHAPITRE PREMIER

---

§ 1.

Travaux particuliers. — État de la jurisprudence. — Existe-t-il
une réglementation quelconque fixant le taux des honoraires?

1. Un arrêt de la Cour de cassation rendu le 27
mars 1875, confirmant un arrêt de la Cour d'Alger
du 12 décembre 1874, vient de juger :

« 1° Que l'avis du Conseil des batiments civils du
« 12 pluviôse an VIII, réglant les honoraires des archi-
« tectes pour travaux publics n'était pas applicable
« aux travaux particuliers.

« 2° Qu'il n'existait aucune loi, aucun règlement
« obligatoire qui fixât les honoraires dus à un archi-
« tecte pour travaux particuliers.

« 3° Que les tribunaux devaient les régler à défaut
« de convention, comme ceux de tout mandat ou
« de tout louage d'industrie, eu égard aux travaux

« opérés et aux services rendus par le mandant ou
« locataire. »

2. Cet arrêt de la Cour de cassation met fin aux
diverses interprétations qui étaient faites jusqu'ici de
l'arrêté du 12 pluviôse an VIII, applicable aux travaux
publics seulement. Il règle d'une façon définitive et
souveraine la question si importante des honoraires
d'architecte en matière de travaux particuliers. Depuis
longtemps déjà, nos études sur la question étaient
commencées; nous savions que la question avait
été résolue à différentes reprises par plusieurs Cours
et Tribunaux : notamment par la Cour de Paris les
29 décembre 1859 et 20 septembre 1846 ; par la
Cour de Dijon les 21 mai 1844 ; par la Cour d'Alger
le 12 décembre 1844 ; par le Tribunal de la Seine
maintes fois. Nous savions aussi que cette question
était soumise à la Cour de cassation. Tous les jours
nous voyions les journaux judiciaires enregistrer des
décisions appréciant les devoirs des architectes et
l'étendue de leur responsabilité, mais jamais nous
n'avions la satisfaction de pouvoir constater une décision souveraine réglant définitivement la rémunération qui leur est due. Aujourd'hui notre inquié-
tude est calmée, le doute n'est plus permis, la lumière

est faite sur cette question de premier ordre. Aussi,
est-ce avec la conviction de ne rien laisser au hasard,
et d'appuyer toujours nos raisonnements sur une
jurisprudence certaine, ayant force de loi par conséquent, que nous entreprenons de traiter aussi complètement que possible, les diverses questions se
rattachant à la fixation des honoraires des architectes.
Dans un livre spécial nous avons établi que la loi et
la jurisprudence de la Cour de cassation rend les
architectes responsables non-seulement des fautes
qu'ils commettent, mais encore des fautes qu'ils laissent commettre par les entrepreneurs placés sous
leurs ordres, par leurs employés ou par leurs surveil-
lants.

Après avoir ainsi établi l'étendue de la responsabilité énorme que ces honorables artistes encourent,
il nous paraît aussi juste qu'intéressant de rechercher
et d'étudier les règles qui ont servi jusqu'ici et celles
qui, désormais, doivent servir de base à leur rémunération, qui doit être d'autant plus large que la responsabilité encourue par eux est plus grande. Il nous
paraît également nécessaire de rechercher dans quelles
circonstances est intervenu l'arrêté du Conseil des
bâtiments civils du 12 pluviôse an VIII, que beaucoup d'architectes ne connaissent qu'imparfaitement.

3. Sous l'ancienne législation, en cette matière comme en beaucoup d'autres, le législateur n'avait pas cru devoir intervenir, et il n'avait établi ni règlement, ni tarif. La rémunération de l'architecte était déterminée par la nature même de son travail, par l'usage local, quelquefois par la corporation, plus souvent encore de gré à gré. Aussi n'existait-il aucun rapport, aucune similitude entre les prix acceptés dans une province et ceux en cours dans une province voisine. Cet état de choses amenait de cruelles déceptions pour ceux qui construisaient sans bien connaître l'usage du pays, ou sans restreindre par une convention écrite les limites de leurs engagements. Il constituait une véritable entrave pour le commerce et le développement industriel de la propriété, et ceux qui avaient à connaître des prétentions réciproques de l'architecte et du propriétaire n'étaient pas toujours les moins embarrassés. Où était la raison de décider? Sur quoi se fonder en l'absence d'une convention? Les usages! disait-on. Mais les usages eux-mêmes sont choses mal définies, parfois contestées, et chacun, même en son pays, ne se faisait pas faute d'interpréter les usages à sa manière, toujours dans le sens de son intérêt.

Les administrations publiques n'étaient pas mieux

partagées que les administrations municipales ou les particuliers. Les décisions des Parlements ne les avaient pas plus favorisées que les Ordonnances du roi ou des ministres. Le chaos s'était établi à tous les étages de la hiérarchie administrative, et l'on vivait dans l'espérance, en cas de procès, de faire trancher les difficultés en sa faveur par des considérations de fait.

Ces incertitudes, ces embarras sur les règles à suivre sont attestés par une lettre écrite en 1778 par M. Ratte, consul-maire de Montpellier, à M. Engrand, lieutenant civil au Châtelet de Paris. Dans cette lettre, M. Ratte demandait à M. Angrand sur quelles bases se faisait, à Paris, le règlement des mémoires et des honoraires des architectes, et quelles distinctions et divisions avaient été admises afin de proportionner la rémunération au travail réel et à la responsabilité effective.

M. Angrand répondait : « L'usage que je vois « observer ici, Monsieur, est de distinguer si les archi-« tectes sont seulement directeurs de bâtiments ou « entrepreneurs.

« Dans le premier cas, c'est-à-dire s'ils ne sont « que directeurs de bâtiments, on leur passe le sou « pour livre du montant des ouvrages pour hono-

« raires, tant des plans que de la conduite du bâti-
« ment et le règlement des mémoires. On ne connaît
« point la distinction graduelle des constructions de
« différentes valeurs, dont il est parlé dans la lettre
« de MM. les maires et échevins de la ville de
« Montpellier.

« Dans le second cas, c'est-à-dire si les architectes
« sont entrepreneurs, on leur passe 10 p. 100 de leur
« entreprise et 2 1/2 °/° seulement des objets qui n'en
« font pas partie.

« Il n'y a ni loi ni règlement qui fixe ces hono-
« raires. L'art des architectes est du nombre des arts
« libéraux, dont les ouvrages ne sont sujets à aucun
« tarif. On voit tous les jours des conventions diffé-
« rentes les unes des autres ; mais, quand il n'y en
« a point, la proportion que l'on suit constamment est
« telle que je viens de vous l'indiquer. »

Ainsi, d'après M. Angrand, pour apprécier ce qui
était dû à l'architecte, il fallait rechercher s'il s'était
renfermé dans la partie libérale de sa profession, c'est-
à-dire s'il s'était borné à faire exécuter par d'autres
les constructions dont il avait dressé les plans et arrêté
les devis, ou s'il s'était livré à une entreprise en des-
cendant au rôle d'entrepreneur. Dans les deux cas, il
lui était accordé une rémunération ; mais cette rému-

nération était bien différente. A l'architecte, non entrepreneur, *il était passé le sou pour livre*, soit 5 °/. du montant des travaux exécutés sur ses plans et sous sa direction. A l'architecte–entrepreneur, on attribuait 10 p. 100 de son entreprise et 2 1/2 p. 100 sur les objets fournis par d'autres. C'était là, il faut le reconnaître, une distinction assez singulière, et qui avait pour résultat de placer celui qui ne voulait pas franchir le domaine de l'art dans une condition moins favorable que celui qui en sortait. La prime était acquise à qui abandonnait le crayon pour la truelle. Cette distinction, fâcheuse à tous égards, tendait manifestement à pousser l'architecte dans la voie de la spéculation, et à lui faire déserter la partie véritablement artistique et élevée de sa profession.

Bien que ce règlement fût spécial à la ville de Paris, l'on voit qu'il avait fini par être appliqué à presque tous les autres pays de l'Ile–de–France, et, de proche en proche, à quelques provinces. Il était arrivé à être le plus fréquemment admis, mais son application était loin d'être devenue générale. Ce n'était pourtant pas qu'on ne désirât partout une réglementation commune; mais l'esprit de province, heureusement disparu aujourd'hui, constituait alors un empêchement à l'assimilation désirée. Chacun

voulait faire prévaloir les usages auxquels il était fait
et au milieu desquels il avait vécu. On ne voulait im-
poser la réforme qu'à autrui.

La loi de 1791 a supprimé les corporations d'architectes comme les autres; mais le législateur de
cette époque n'a pas cru qu'il entrait dans son droit de
limiter, en quelque sorte, les bénéfices auxquels pouvaient aspirer les hommes de cette profession; et,
par un respect mal entendu de la liberté des entre-
prises et des transactions, il a laissé le règlement de
leurs honoraires à l'arbitraire des usages locaux
quand il n'aurait pas été prévu par une convention
écrite.

Quelques années ne s'étaient pas écoulées que l'on
ressentit les inconvénients de cette lacune, et que l'État
provoquait une mesure pour en arrêter les effets en ce
qui concernait les communes et les établissements
publics. Telles sont les circonstances dans lesquelles
est intervenu l'arrêté du Conseil des bâtiments civils
du 12 pluviôse an VIII.

Cet arrêté a posé en principe, ce qui était d'ailleurs
équitable, qu'il fallait établir une distinction entre les
différents travaux qui seraient demandés à l'architecte, et proportionner sa rémunération aux services
rendus. Il a ensuite considéré l'architecte comme un

homme d'art, absolument dégagé de toutes attaches et
de toute analogie avec l'entrepreneur, et il l'a traité
en cette qualité, ne lui allouant rien au cas où il trai-
terait d'une entreprise à forfait, c'est-à-dire au cas où
il se ferait entrepreneur. Pour ce dernier cas, l'arrêté
du 12 pluviôse an VIII considère l'architecte comme
suffisamment rétribué de ce qu'il emprunte à cette
qualité par les bénéfices que lui assure l'entreprise.
L'arrêté du 12 pluviôse an VIII met donc à néant
l'ancien usage signalé par la lettre de M. Angrand, et
aucun architecte ne serait admis aujourd'hui à en
tirer argument pour réclamer 10 p. 100 du montant de
son entreprise, et 2 1/2 sur les objets en dehors.

Si, au contraire, l'architecte s'est renfermé dans
son rôle, l'arrêté du 12 pluviôse an VIII lui attribue
les honoraires suivants :

Pour plans et devis.	1 1/2	p. 100
Pour conduite des travaux.	1 1/2	p. 100
Pour vérifications et réglements des mémoire.	2	p. 100
Ensemble.	5	p. 100

4. L'assimilation des travaux particuliers aux travaux publics, ayant été contestée par divers Cours et
Tribunaux, admise par d'autres, sans jamais qu'anté-
rieurement à l'année 1875, la question ait été sou-

mise à la Cour de Cassation, il était permis de supposer que l'usage admis, consistant à assimiler les
travaux publics aux travaux particuliers pour les assu-
jettir aux mêmes règles, reposait sur quelque édit,
arrêt ou décret; mais, aujourd'hui, l'erreur n'est plus
possible et tout le monde doit savoir que la similitude
ne peut exister entre les travaux publics et les travaux
particuliers.

Ainsi que nous le disons en tête du présent paragraphe, l'arrêt du 27 mars 1875 règle la question
d'une façon péremptoire et définitive, il y a tout lieu
de le croire.

5. Il est donc vrai de dire que tout ce qui touche
les travaux en général, et le bâtiment en particulier,
trouve sa réglementation dans une série nombreuse de
jugements et arrêts qu'il importe de faire connaître à
nos lecteurs, tous, hommes intelligents, aimant et pra-
tiquant l'étude et animés par conséquent du désir
aussi vif que louable, d'être fixés aussi parfaitement
que possible sur l'étendue de leurs droits en général,
et en particulier sur les conséquences possibles de la
responsabilité qu'ils encourent, comme aussi sur la
rémunération qui leur est due à l'occasion de l'exercice
de leur profession.

6. Nous avons dit que l'arrêt de la Cour de cassation du 27 mars 1875 posait ce principe : Qu'aucune
loi, qu'aucun règlement obligatoire, qu'aucun arrêté,
ni décret, ne fixait les honoraires dus à l'architecte.
Nous avons dit aussi que les tribunaux pouvaient,
sans violer aucune loi, évaluer les honoraires dus à
l'architecte, d'après les justifications produites et les
éléments de la cause. La conséquence de cet arrêt sou-
verain nous amène tout naturellement à analyser les
décisions qui ont pu être rendues jusqu'ici sur la matière ; et à tirer de cette analyse, en forme de conclusion, les principes de droit en découlant.

« Suivant Dalloz, au mot *Louage*, n° 112 : Les
« émoluments des architectes, qui, bien que consi-
« dérables, n'ont rien d'excessif, eu égard à la res-
« ponsabilité que la loi fait peser sur eux, doivent être
« fixés en conditions ordinaires à 5 p. 100 du mon-
« tant de la valeur des travaux exécutés.

« Un arrêt de la Cour de Paris du 26 juin 1844,
« estime qu'il y a lieu de fixer à 5 p. 100, le montant
« des honoraires dus à un architecte par un proprié-
« taire. (Affaire Dommey et Salverte).

« Un autre arrêt de la Cour de Paris du 29 dé-
« cembre 1859, juge également qu'il y a lieu de fixer
« les honoraires à 5 p. 100.

« Nous retrouvons la même jurisprudence dans
« toute une série de jugements rendus par le tribu-
« nal civil de la Seine, qu'il nous semble inutile de
« relater ici.

« Enfin, les *us et coutumes* ont également fixé à
« 5 p. 100 le montant des honoraires dus aux archi-
« tectes, en matière de travaux particuliers.

« *Fremy-Ligneville, Troplong, Duranton, Du-*
« *vergier*, partagent le même avis. »

Il ne s'agit bien entendu ici que de travaux exécutés dans la ville où est domicilié l'architecte. Pour
ceux en dehors du domicile, reportez-vous au § IV
du présent chapitre.

Aussi, et dans toute la France, a-t-on pris l'habitude de rétribuer les architectes selon le taux indiqué
ci-dessus de 5 p. 100. Les dispositions des arrêts et
jugements sont admis dans la pratique pour tous les
travaux *ordinaires*.

7. Pour les travaux de luxe, pour les travaux d'art,
ou au contraire pour les travaux à bon marché, la
réglementation doit-elle être la même? Les 5 p. 100
doivent-ils être calculés sur le montant des sommes
payées par le propriétaire avant ou après rabais? En
dehors des honoraires à 5 p. 100, n'y a-t-il pas lieu

dans certains cas de les augmenter, soit pour des travaux à la campagne, à l'étranger, soit pour travaux
de peu d'importance, etc. etc. ? Autant de questions
fort importantes, qui toutes sont traitées dans le cours
de ce livre et forment l'objet de paragraphes spéciaux.

8. Enfin, et pour nous résumer sur l'objet du
présent paragraphe, nous terminerons par cette conclusion : Que le dernier état de la jurisprudence constate donc que l'arrêté du 12 pluviôse an VIII n'a pas
force de loi, que la législation sur les honoraires des
architectes est entièrement à faire, et qu'il n'existe,
pour le réglement de leurs rapports avec les particuliers, à défaut de convention spéciale, que des arrêts
et jugements, c'est-à-dire un ensemble de jurisprudence qu'il est sage de respecter en attendant mieux.
Nous terminerons par cette considération, qu'une telle
situation ne présente pas un état convenable, digne
de l'importance du rôle que remplissent les architectes dans l'industrie si nécessaire du bâtiment et du
caractère artistique qui s'attache incontestablement à
leurs œuvres. Une réglementation quelle qu'elle soit,
qui assurerait à l'avance, aux architectes, la quotité
des émoluments qui leur sont dus, rendrait un immense
service à cette corporation d'artistes si intéressants, en

leur épargnant l'obligation si délicate de traiter avant tout la question d'argent.

Si ce livre, inspiré par un sentiment d'équité et de justice envers nos maîtres, peut servir de guide pour une réglementation future, nous aurons ainsi accompli une œuvre de réparation et rempli un devoir : puisque nous aurons concouru à la suppression de l'arbitraire qui, dans beaucoup de cas, peut être un véritable danger professionnel pour les architectes, habitués et aptes à résoudre plutôt les questions artistiques que les questions d'argent.

§ 2.

Travaux publics. — État de la jurisprudence. — Réglementation *légale* du taux des honoraires : — *Quid*, pour dépenses excédant les devis ? — Architecte à traitement fixe. — Lui est-il dû des honoraires proportionnels ? — *Quid*, pour projets dressés en vue de fournir de simples renseignements au Conseil municipal ?

9. Outre l'arrêté du 12 pluviôse an VIII, fixant à 5 p. 100 du montant des travaux adjugés ou des dépenses faites, le taux des honoraires dus à l'architecte, nous trouvons cette réglementation (n'ayant qu'un caractère quasi-légal (confirmée par nombre d'arrêtés

du Conseil d'État, d'arrêts de Cours d'appel et par plusieurs circulaires ministérielles :

« 1° Une circulaire ministérielle du 20 septembre
« 1846 stipule que les émoluments des architectes
« qui ont fait les plans et devis, surveillé les travaux et
« reçu les ouvrages exécutés pour le compte des com-
« munes et établissements publics, sont, à moins de
« conventions contraires, de 5 p. 100 sur la valeur
« *des constructions adjugées.*

« 2° Une circulaire ministérielle du 9 septembre
« 1865 contient les mêmes dispositions pour les dé-
« penses prévues au devis. Pour les dépenses faites en
« excédant, les honoraires doivent être fixés à un
« taux moindre de 5 p. 100, et ne peuvent plus être
« réclamés au delà d'une certaine quotité. Disons de
« suite que, si les dépenses excédant le devis ont été
« autorisées et régulièrement approuvées, il a été
« jugé par le *Conseil d'État les 7 avril et 2 juin* 1869,
« que les honoraires à 5 p. 100 devaient porter sur
« l'intégralité des dépenses, lors même qu'à raison
« de certaines circonstances, ces dépenses ne devraient
« pas être payées à l'entrepreneur. (Conseil d'État
« 18 mai 1870.) »

3° La *Cour de Paris* par un arrêt rendu le 29 *décembre* 1859 a jugé : « que suivant un usage gé-

« néralement adopté et d'après un avis du Conseil
« des Bâtiments civils du 12 pluviôse an VIII, les
« honoraires des architectes qui ont fait les plans et
« devis, surveillé les travaux et reçu les ouvrages
« exécutés pour le compte des *communes et établis-*
« *sements publics*, sont, à moins de convention
« contraire, de 5 p. 100 sur la valeur des construc-
« tions adjugées. »

4° Un arrêt de la *Cour de Dijon* rendu le 21 *mai*
1844 a jugé : « que suivant un usage généralement
« adopté, ainsi que des instructions administra-
« tives consignées dans un arrêté du Conseil des bâti-
« ments civils du 12 pluviôse an VIII, les émolu-
« ments des architectes qui ont fait les plans et devis,
« surveillé les travaux et reçu les ouvrages exécutés
« pour le compte *des communes et établissements*
« *publics*, sont, à moins de convention contraire, de
« 5 p. 100 sur la valeur des constructions adjugées. »

Nous pourrions multiplier à l'infini ces citations.
Les recueils de jurisprudence contiennent un grand
nombre d'arrêtés du Conseil d'État et d'arrêts de
Cours d'appel jugeant dans le même sens. D'ailleurs,
nous le répétons, l'arrêté du Conseil des bâtiments civils du 12 pluviôse an VIII n'a jamais été discuté en
matière de travaux publics comme devant régler le

taux des honoraires. Si, à l'appui de cet arrêté, nous invoquons la jurisprudence, c'est uniquement pour établir (ce qui n'est pas inutile) que cet arrêté est resté en vigueur, qu'il est admis par les villes, les communes, les établissements hospitaliers, et qu'enfin il est aussi respecté et appliqué en maintes circonstances par le Conseil d'État et par les Cours d'appel de France.

10. Sur la question de savoir si les honoraires doivent être calculés avant ou après rabais, nous n'hésitons pas à déclarer que, si en matière de travaux particuliers, les honoraires doivent être calculés avant déduction du rabais ainsi que cela est démontré au § 3 du présent chapitre, il n'en saurait être de même pour les travaux publics, et ce, pour les raisons suivantes :

1° Les arrêts et arrêtés sus-relatés, et ceux que nous ne relatons pas, mais que nous connaissons, sont tous d'accord pour reconnaître qu'en matière de travaux publics les honoraires doivent être calculés sur le montant *des dépenses*.

2° Les travaux publics n'étant soumissionnés que par une certaine catégorie d'entrepreneurs, triés sur le volet, de qui on exige toutes garanties quant à la capacité, quant à la moralité, quant à la solvabilité,

sont soumissionnés avec des rabais beaucoup moindres que les travaux particuliers, (excepté pour certaines villes où les rabais exagérés ne peuvent se justifier par aucun motif avouable.)

3°. Les travaux publics, étant généralement mieux
conçus que les travaux particuliers, s'exécutant
dans des conditions de solidité exceptionnelle, ne
présentent pas le même danger que les travaux particuliers au point de vue de la responsabilité à encourir par les architectes. D'ailleurs les projets ne
s'exécutent qu'après avoir été soumis à toutes sortes de commissions, ayant droit de censure.

4° Enfin, la comptabilité administrative ne peut
admettre certains arrangements qui sont possibles
avec un propriétaire. La Cour des Comptes ne com-
prendrait pas et n'admettrait pas que les mandats pour
honoraires ne soient point appuyés d'un certificat réca-
pitulatif des travaux contenant l'indication des sommes à payer à l'entrepreneur.

11. Pour les dérangements continus, frais de
voyage, états de situation, travaux d'art, frais
de maquette, projets non réalisés, remise de plans,
compétence de tribunaux, etc. etc. reportez-vous aux
alinéas traitant chacun de ces points spéciaux.

12. Dans beaucoup de villes, à Paris notamment, les architectes reçoivent des appointements fixes. On s'est demandé si un architecte rétribué ainsi par un traitement avait droit aux honoraires à 5 p. 100 sur travaux neufs exécutés sous sa direction, sous prétexte que son traitement ne s'appliquait qu'à des travaux courants ou d'entretien.

Le *Conseil d'Etat* a jugé : 1° par arrêté du 29 *novembre* 1870 « que l'architecte voyer d'une ville, « nommé *sous la condition* qu'en dehors de son trai- « tement annuel il n'aurait droit à aucune indemnité « pour les plans, devis, surveillance des travaux que « l'administration municipale se chargerait de faire « exécuter, ne pouvait prétendre à une indem- « nité spéciale pour les plans et devis d'une maison « d'école exécutée par lui pour le compte de ladite « ville.

« 2° *Par arrêté du* 26 *juin* 1869 : « qu'il en serait « autrement lorsque cette condition n'aurait pas été « imposée dans l'acte de nomination, les travaux re- « latifs à une maison d'école communale ne rentrant « pas dans la catégorie de ceux que l'architecte voyer « est chargé de surveiller et de diriger.

13. Lorsque des plans, projets, devis sont de-

mandés à l'architecte d'une ville pour servir de renseignements au Conseil municipal, est-il dû des honoraires proportionnels ? Par un arrêté en date du
26 *juin* 1869, le *Conseil d'Etat* a jugé : « Que l'ar-
« chitecte d'une ville n'a pas droit, en dehors de son
« traitement, à une indemnité spéciale pour la rédac-
« tion des projets et devis concernant des réparations
« à faire ou des constructions à ajouter à des édifices
« communaux, lorque ces pièces n'ont été dressées que
« comme documents propres à renseigner le Conseil
« municipal, et non pas en vue de servir à préparer
« l'exécution de travaux pour lesquels des fonds sont
« demandés à ce Conseil.

§ 3.

Les honoraires d'architectes doivent-ils être calculés avant rabais:
— 1° Pour travaux publics. — 2° Pour travaux particuliers. —
Y a-t-il une distinction à établir pour travaux à forfait, et ceux
traités sur séries de prix ?

14. Pour les travaux publics les honoraires doivent être calculés après déduction faite du rabais :
ainsi le veulent les règlements administratifs, les circulaires ministérielles des 20 septembre 1846 et 9 sep-

tembre 1865, les arrêtés du Conseil d'État des 7 avril et 2 juin 1869, 18 mai et 29 novembre 1870, etc. etc. L'arrêté du Conseil des bâtiments civils du 12 pluviôse an VIII ne laisse aucun doute à cet égard. Les honoraires des architectes, est-il dit dans cet arrêté, doivent être fixés à cinq pour cent du montant des dépenses. Or, « dépenses » ne peut signifier autre chose que sommes déboursées par les établissements publics, communaux ou hospitaliers, c'est-à-dire les sommes payées aux entrepreneurs et *fournisseurs*. Nous soulignons avec attention le mot *fournisseurs*, parce qu'en matière de travaux publics, comme en matière de travaux particuliers, les émoluments des architectes doivent frapper l'ensemble des fournitures faites dans le chantier qu'ils dirigent, soit que ces fournitures soient traitées à prix fait ou en dehors des marchés d'entreprise. Nous traitons ce point spécial dans les paragraphes 17, 18 et 19 du chapitre 2. En ce qui concerne les travaux publics, le lecteur trouvera dans le § 2 du présent chapitre l'énoncé des considérations qui militent en faveur de la thèse que nous soutenons et qui peut se résumer ainsi : En matière de travaux publics, les honoraires des architectes doivent être calculés sur les dépenses réelles, par conséquent sur le règlement des mémoires, après dé-

duction du rabais consenti par les entrepreneurs et
fournisseurs.

15. Pour les travaux particuliers c'est tout différent. *La Société centrale des architectes* partage
cet avis.

Notre opinion est que ces honoraires doivent être
calculés sur le montant du mémoire après règlement,
mais sans tenir compte du rabais. En quoi consiste
en effet le travail de l'architecte quand il règle un
mémoire ? Il consiste à déterminer la *valeur réelle*
des travaux, en rectifiant les prix que leur a attribués
le métreur, prix généralement exagérés par suite du
ridicule usage, adopté en France, des mémoires faits
en demande, en vue des réductions de la vérification.
Or, la valeur réelle des travaux ne peut être en rien
modifiée par le rabais qu'a consenti l'entrepreneur
pour des motifs étrangers au prix réel, qui est basé
sur la dépense véritable en matières premières et en
main d'œuvre, ou sur l'évaluation de la série de prix
en usage dans la localité.

Ainsi, la série de prix de la ville de Paris fixe
à 26 fr. 20 le prix du mètre de mur meulière en élévation. Admettons que le métreur chargé de faire
le mémoire d'un travail comprenant 1,000 mètres

de ces murs en ait élevé le prix de 1/5 et l'ait porté
ainsi à 31 fr. 44, le total sera 31,440 fr. L'architecte
qui réglera le mémoire aura à retrancher le 1/5 porté
en trop et ramènera ainsi le prix total à 26,200 fr.
Peut-être même le réduira-t-il un peu plus en raison
de la qualité inférieure de la meulière, ou de l'im-
perfection du travail. Supposons qu'il arrive ainsi à
25,500 fr. pour le prix total des 1,000 mètres. C'est
sur ces 25,500 fr. que devront être calculés les honoraires de l'architecte pour règlement; et si, pour
satisfaire à une des conventions particulières arrêtées
entre le propriétaire et l'entrepreneur, il retranche sur
le mémoire 10 p. 100 de rabais, et fixe ainsi définitivement à 23,950 fr. la somme due; ce sera néanmoins sur 25,500 fr., total sans rabais, et non sur
23,950 fr., total après rabais, que devront être calculés
ses honoraires.

En effet, sa mission étant de déterminer la *valeur
réelle* des ouvrages d'après les évaluations du tarif
adopté, ou à défaut de tarif, d'après le prix courant
de la main-d'œuvre et de la matière première, ou
encore d'après tous ces éléments combinés et, ce travail devant lui être payé tant pour cent, ce prix ne
peut être modifié pour aucune cause étrangère à cette
appréciation.

On objecte en vain que le rabais consenti par l'entrepreneur peut avoir eu pour motif les facilités d'accès,
l'infériorité du prix de la meulière par suite de circonstances particulières, le salaire moins élevé des
ouvriers par suite de la rareté du travail. Ces raisons
n'ont rien de solide. Dans tous les marchés de travaux
à l'entreprise, les prix sont déterminés à l'avance, ou
par l'usage s'il n'y a pas eu de convention particulière à cet égard. Lors donc que l'affaire est traitée,
le propriétaire n'a plus à se préoccuper des moyens
qu'emploiera l'entrepreneur pour faire ses ouvrages. Il n'a qu'à s'assurer s'ils sont bien ou mal
faits et si les matériaux en sont de bonne qualité. Les
économies que pourra faire l'entrepreneur ne pourront
rien changer aux conventions tacites ou formulées. Le
mur en meulière vaut à Paris 26 fr. 20 ; nous sommes
à Paris, les murs payés sont en meulière, ils sont bien
faits et en matière convenable : ils doivent être payés
26 fr. 20. Si l'entrepreneur a trouvé une occasion
qui lui a procuré de la meulière à 11 fr. au lieu de 13,
des ouvriers acceptant 45 centimes de l'heure au lieu
de 55 centimes, c'est tant mieux pour lui, il en profite. De même que si, entre l'époque de son marché
et le commencement de ses travaux, la meulière ou le
prix de la journée avaient augmenté, il n'aurait eu

rien à réclamer de ce chef. Les conventions du marché restent fermes, qu'elles soient explicites ou formulées; et, de ces conventions, l'auteur du règlement n'a à voir que celles qui concernent le prix de la fourniture et du travail.

Quant au rabais, les causes ne sont point là. Elles sont dans la confiance exceptionnelle que mérite le propriétaire, dans les époques anticipées du payement, dans le besoin que l'entrepreneur a de travail et d'argent, dans la concurrence qu'il fait à ses confrères suivant l'usage des gens de sa profession; mais elles ne sont aucunement dans la composition du prix réel des ouvrages.

On objecte encore que le plus souvent c'est l'architecte qui a fait le marché pour le propriétaire, et, que dans les raisons dont il s'est servi pour obtenir un rabais, il en était une principale : le bon marché accidentel de la main-d'œuvre ou de la marchandise, ou bien la facilité d'accès et de travail. Cette raison n'est pas mieux fondée que les autres. Les prix de la série, comme tous les prix d'usage, ont un caractère de généralité qui prévoit les exceptions secondaires, comme changement de cours ou différence de facilités ou de difficultés dans le travail. Lorsque l'architecte en faisant prix avec un entrepreneur fait valoir les

commodités du lieu où doivent se faire les travaux, il
use de moyens qu'on pourrait appeler oratoires plutôt
que logiques. L'entrepreneur et lui se débattent, le
premier prétendant que tout est cher et que le travail
offert ne diffère en rien des travaux ordinaires; lui au
contraire soutenant l'opposé. Mais ces modifications
et les banalités dont on les appuie n'ont rien de
commun avec l'évaluation raisonnée que fera plus tard
l'architecte chargé de régler les mémoires. Ce travail
mathématique, indépendant des considérations de toute
valeur autres que le prix courant des matières premières et de la main-d'œuvre pour l'année, la qualité
des matières employées et l'exécution plus ou moins
parfaite des ouvrages, ce travail, disons-nous, doit
être payé sur la valeur réelle des travaux, indépen-
damment de tout rabais.

D'ailleurs, plus l'entrepreneur fait un rabais fort,
plus la surveillance de l'architecte doit être active et continue. Or, si l'architecte est tenu d'exercer plus de surveillance, de passer plus de temps à contrôler les actes
de l'entrepreneur, quant à la façon des ouvrages et à
la nature des matériaux, il va de soi que ce surcroît
de besogne ne peut pas se traduire par une
diminution dans le chiffre des honoraires : ce
qui arriverait nécessairement si la base de fixation

des honoraires devait être prise sur le chiffre après rabais. Expliquons-nous pour mieux faire comprendre notre pensée. Un propriétaire charge son architecte de lui construire une maison solide ; l'architecte dresse le devis en appliquant les prix du tarif en usage dans la localité ; le devis s'élève à 500,000 fr. Si l'architecte ne veut éprouver aucun ennui, s'il ne veut encourir aucune responsabilité du chef de la façon des ouvrages et des fournitures à faire, il n'a qu'à confier l'exécution des travaux à un entrepreneur connu avantageusement dont la réputation commerciale est au-dessus de tout soupçon. Dans ces conditions il est certain qu'un entrepreneur ainsi titré ne fera aucun rabais. Par conséquent, si les choses se passent ainsi, l'architecte touchera de son client 25,000 fr. d'honoraires. Il pourra faire exécuter les travaux sans aucun contrôle et en toute sécurité. Supposez maintenant le contraire, et c'est le cas le plus fréquent : le propriétaire connaît ou a trouvé un entrepreneur qui n'a pas encore de réputation faite. Cet entrepreneur, eu égard à certaines raisons particulières, déclare être en mesure de faire l'affaire avec 20 p. 100 de rabais, soit pour 400,000 fr. Dans ce dernier cas, l'architecte qui a la faiblesse d'accepter cette offre pour ne pas contrarier son client,

ou qui a le courage de ne pas la rejeter, parce qu'elle
profite en somme à son client, tout en se promettant
d'exercer un contrôle et une surveillance en rapport
avec la situation, ne toucherait que 20,000 fr. d'honoraires, si les honoraires n'étaient calculés qu'après
déduction de rabais. Est-ce que cela serait juste?
Est-ce que la conscience ne serait pas révoltée à la
suite d'une pareille injustice? La loi et les sentences
rendues par les Cours et Tribunaux nous enseignent
au contraire que le mandataire doit être rétribué
pour ses peines et soins, *selon le service rendu*. L'arrêt
de la Cour de cassation du 27 mars 1875 contient ce
considérant, ne l'oublions pas :

« Attendu que les Tribunaux doivent évaluer les
« honoraires d'après les justifications produites, les
« services rendus et les éléments de la cause. »

Le même considérant se trouve dans un grand
nombre d'arrêts, qu'il nous paraît inutile d'analyser ici.

D'où nous concluons que si l'architecte pour écono-
miser 100,000 fr. à son client, agrée l'entrepreneur
qui lui est recommandé par le propriétaire ou l'entrepreneur qui, sans recommandation aucune, vient lui
faire une offre avantageuse pour le propriétaire :
l'équité, la raison et la bonne foi plaident en faveur

de l'architecte qui, dans ce cas, fait doublement son
devoir. Or, comme réduire les honoraires en raison
du rabais fait serait méconnaître pleinement le service rendu, la conclusion à tirer de ces faits s'impose
d'elle-même, et ne laisse aucun doute sur le droit
qu'a l'architecte de se faire payer ses honoraires sur
le montant des travaux d'après leur *valeur réelle*, c'est-
à-dire avant déduction du rabais. A ce compte le
propriétaire réalise encore un bénéfice de 95,000 fr.
tout en ne courant aucun risque, puisque son architecte est responsable des vices de construction, malfaçons ou fournitures défectueuses, s'il en laissait
faire. Plus les rabais sont forts, plus la responsabilité
encourue par l'architecte est grande, par conséquent
plus les honoraires doivent être élevés. En décidant
que les honoraires seront fixés selon la *valeur réelle*
des travaux et l'importance des *services rendus*, les
Cours et Tribunaux ont établi là un principe de
justice basé sur la sagesse et sur l'équité la plus
parfaite.

16. Nous ajouterons que ces principes sont admis
par MM. les juges taxateurs près le Tribunal civil
de la Seine, qui, en cas de rabais consentis par les
entrepreneurs accordent toujours à MM. les experts

les honoraires à 5 p. 100 sur le montant du règlement des mémoires avant rabais.

17. Terminons en disant que ces principes doi-vent recevoir leur application ausssi bien pour travaux traités à forfait que pour travaux traités sur séries de prix. Dans les deux cas les raisons que nous donnons dans le cours du présent paragraphe s'appliquent aussi bien pour un cas que pour l'autre. Les Cours et Tri-bunaux n'ont jamais fait de distinction à cet égard, par cette raison bien simple, qu'il n'y avait pas à en faire.

§ 4.

Travaux publics ou particuliers exécutés à *la campagne* ou en de-hors du ressort du domicile de l'architecte. — Travaux à la cam-pagne. — Si les prix de la localité ou si les prix consentis par l'entrepreneur sont notablement moins élevés que ceux de la ville où l'architecte exerce, sur quelles bases les honoraires doi-vent-ils être fixés ? — *Quid*, si l'architecte habite Paris ? — *Quid*, si l'architecte habite hors Paris ?

18. Pour les travaux publics, comme pour les travaux particuliers, les travaux exécutés en dehors du ressort du domicile de l'architecte, ne peuvent donner

lieu à une plus-value d'honoraires qu'autant qu'ils
sont situés au delà d'une distance de vingt kilomètres
du centre de la ville où l'architecte a son domicile
légal (là où il paye sa patente).

Au delà de cette distance de deux myriamètres,
pour employer les termes mêmes des règlements
sur la matière, il est dû à l'architecte un supplément d'honoraires pour frais de voyages et de déplacements qui lui occasionnent tout à la fois une perte
de temps et des déboursés parfois assez considérables.

Certains auteurs et certaines décisions rendues par
les tribunaux, estimaient qu'il y avait lieu de dou-
bler le chiffre ordinairement alloué de 5 p. 100 ;
mais outre que cette taxation pouvait devenir abusive
selon que les déplacements étaient peu fréquents et les
voyages peu longs et dispendieux, *la Cour de Paris*,
par un arrêt rendu le 26 juin 1844, dans une affaire
Dammey contre Salverte, a jugé : « Que la plus-
« value à allouer pour travaux de campagne devaient
« se traduire par une indemnité de déplacement qui
« serait réglée par l'arrêté du 12 pluviôse an VIII et
« l'ordonnance du 10 octobre 1841, accordant en
« matière civile : 1° par chaque trois heures, une va-
« cation de 8 francs pour les architectes du départe-

« ment de la Seine et de 6 francs pour les autres
« architectes; 2° pour frais de déplacements, nour-
« riture et retour compris, par chaque myriamètre
« de distance au delà des deux myriamètres dus,
« 6 francs pour les architectes du département de la
« Seine et 4 fr. 50 pour les architectes des autres
« départements. »

Cette réglementation établie par la Cour d'appel de
Paris nous paraît résoudre le problème aussi justement que cela était possible, puisque cette réglementation tient compte tout à la fois de la durée du déplacement et de la distance parcourue. Rien n'étant
laissé à l'arbitraire et la plus-value accordée étant
plus forte à mesure que le déplacement est plus onéreux comme temps perdu et comme argent, nous
pensons que cette doctrine ne peut être qu'approuvée
dans la suite par nos Cours et Tribunaux qui, tous,
sont unanimes pour repousser tout ce qui est arbitraire ou déraisonnable.

19. En ce qui concerne le point de savoir si les prix
de la localité doivent servir de base au calcul des honoraires, nous ajouterons que la solution de cette question doit être la même, soit que l'architecte habite
Paris ou la province. Pour ce cas spécial, les hono-

raires des architectes devant être fixés en raison de la
valeur réelle des travaux, il est absolument certain
que par ces mots « valeur réelle » il faut entendre que
l'on appliquera aux quantités d'ouvrages exécutés les
prix de la localité.

En effet, rien de plus juste. Dans le quantum d'honoraires accordé aux architectes par les tribunaux se
trouve l'équivalent du risque encouru par ces honorables artistes pour responsabilité possible. Or plus les
matériaux sont bon marché, moins la responsabilité
encourue quant au chiffre possible des dommages est
grande. De là équilibre entre la somme dépensée et les
éléments servant de base à sa fixation.

Sans doute les travaux de campagne nécessitent
des déplacements et sont moins avantageux que ceux
exécutés à Paris. Mais, à une telle objection, la réponse est facile : En premier lieu, nous verrons
au § 9 du chapitre Ier qu'un supplément d'honoraires
est dû pour les déplacements; En second lieu, si
les travaux proposés à l'architecte lui paraissent désa-
vantageux, il a deux moyens pour en sortir : les
refuser ou exiger une convention spéciale réglemen-
tant ses honoraires. Si l'architecte n'use d'aucun de
ces moyens, c'est qu'il accepte tacitement et volontairement la situation qui lui est faite par la force des

choses, l'état des lieux, l'importance du travail et les
prix de la localité. Dès lors nous concevons très-
bien que les Cours et Tribunaux aient accepté à maintes
reprises la doctrine que nous soutenons et qui est la
vraie doctrine applicable en un tel cas.

§ 5.

Travaux à l'étranger.

20. Tout ce que nous avons dit pour les travaux
de campagne, appelés ainsi parce qu'ils sont exécutés
en dehors du ressort du domicile de l'architecte, est
applicable aux travaux exécutés à l'étranger. — Par
conséquent reportez-vous au § 4 du présent chapitre.

Nous mentionnerons cependant que plusieurs architectes de Paris, qui avaient dressé des plans et des
devis et fait exécuter ces plans à l'étranger, se sont
fait régler leurs honoraires sur le pied de 10 p. 100
du montant des dépenses. C'est là un usage consacré dans la pratique seulement, mais qui ne re-
pose sur aucun règlement ni sur aucune décision
de justice.

A l'égard des frais de voyages et de déplacements, reportez-vous au § 10 du chapitre 4 où, dans une affaire Gorraz, le tribunal alloue une indemnité de voyages de 5,000 francs.

§ 6.

Travaux neufs n'excédant pas une somme de 5,000 fr.
Travaux d'entretien.

21. Pour ces sortes de travaux les architectes ont le droit de procéder par vacations, ou bien de réclamer des honoraires proportionnels calculés à raison de 7 p. 100 du montant des travaux avant rabais. Reportez-vous pour la non déduction du rabais à ce qui est dit au § 3 du présent chapitre.

Si l'architecte préfère se faire payer selon le nombre de vacations, ce qui est parfaitement son droit, il devra appliquer le tarif de l'arrêt du 12 pluviôse an VIII et de l'ordonnance du 10 octobre 1841, accordant par chaque vacation de trois heures 8 francs aux architectes du département de la Seine et 6 francs aux autres architectes.

Bien entendu, s'il y a déplacement et voyage, re-

portez–vous au § 9 du présent chapitre traitant cette
question.

Ce que nous venons de dire s'applique aussi bien
aux travaux neufs qu'aux travaux d'entretien. Si ces ·
derniers demandent plus de temps pour l'exécution,
ils n'exigent le plus souvent aucun dressement de
plan ni de devis : de là, compensation.

§ 7.

Construction à bon marché.

22. L'architecte qui accepte la proposition d'un
propriétaire demandant l'exécution d'une construction
légère, conséquemment à bon marché, court gros
risque d'être compromis dans la suite, au point de
vue de la responsabilité à encourir, avec d'autant
plus de raison que ces sortes de travaux ne sont le
plus souvent exécutés que par des entrepreneurs sans
expérience et peu sérieux. ·

Pour ces sortes de travaux et à moins de conventions
contraires, les honoraires habituels de 5 p. 100 doivent
être appliqués sur la valeur réelle des travaux, en
appliquant les prix en usage dans la localité, et avant

rabais ainsi que cela est dit au § 5 du présent chapitre.

La responsabilité encourue par les architectes est certainement plus grande que pour les travaux exécutés dans de bonnes conditions, ainsi que nous venons de le dire plus haut, mais d'un autre côté les études sont moins longues et les détails moins compliqués. Par conséquent l'architecte ayant peu de temps à dépenser comme dessin peut surveiller davantage l'exécution, surveillance qui doit être assidue pour ne pas la rendre illusoire.

23. Ajoutons pour terminer, que la *Cour de Paris*, par un arrêt en date du 20 *juin* 1877, a jugé :

« Que les architectes et entrepreneurs cessent d'être « responsables des dégradations survenues dans les « 10 ans qui suivent la réception des travaux, s'il « résulte des circonstances que le propriétaire n'avait « entendu élever que des constructions légères d'une « durée restreinte, et qu'en réalité l'édifice a été « construit dans les conditions de solidité par lui « déterminées. »

Nous engageons le lecteur à lire attentivement ces jugement et arrêt. Ils démontrent que le fait qui a

déterminé les juges à caractériser l'intention du propriétaire s'appuie sur ce que ce dernier avait loué
l'immeuble moyennant un prix *élevé* (28,000 fr.
pour une dépense de 234,000 fr.) et que le fait de
tirer de l'immeuble un revenu de près de 13 p. 100
n'avait été obtenu qu'en faisant de la construction *à
bon marché,* par conséquent de la construction laissant à désirer et sujette à de nombreuses réparations.
La Cour a considéré qu'en raison du prix du bail
évidemment élevé, hors de proportion avec le ca-
pital engagé, il n'avait pu entrer dans la pensée du
propriétaire que le bail étant expiré, les bâtiments
eussent dû conserver leur valeur et leurs chances
de durée ; que l'on comprenait au contraire, qu'il ait
pu être stipulé et accepté qu'il s'agissait de *constructions légères* destinées à ne pas survivre au bail lui-
même (18 ans) et devant faire place à des constructions d'une autre nature » (1).

----

(1) Pour plus amples renseignements, reportez-vous au chapitre VIII
de notre livre sur *la Responsabilité des architectes et entrepreneurs,* 1 vol.
in-8° de 300 pages, chez Baudry, éditeur, 15, rue des Saints-Pères, à
Paris.

§ 8.

Hôtels, travaux de luxe et travaux d'art.

24. Un arrêt de la *Cour de Cassation* du 27 mars
1875, ayant jugé : « Que les honoraires d'architectes
« devraient être réglés, eu égard aux travaux opé-
« rés, aux services rendus, et d'après les éléments de
« la cause : » il nous semble que les honoraires proportionnels de 5 p. 100 qui sont alloués ordinairement pour toutes constructions neuves, ne peuvent
pas s'appliquer à des travaux d'une nature exceptionnelle, comme ceux d'un *hôtel*, d'un *monument*
funèbre, d'un *travail d'art quelconque* ou de *tra-*
vaux décoratifs. Il est absolument certain que ces
derniers travaux exigent non–seulement l'étude et
l'expérience d'un architecte, mais encore l'application d'un talent éprouvé. Par exemple, dans ces travaux dont l'exécution ne peut être menée aussi rapidement qu'une maison de rapport, l'architecte doit
étudier une quantité infinie de détails pour chaque
partie de construction. Il est d'ailleurs reconnu que
pour ces travaux, le tâtonnement, les essais, les mo-

dèles, les caprices et les exigences raisonnées ou non
du propriétaire, créent à l'architecte un surcroît
d'ennui et de travail, et par conséquent un surcroît
de déboursés. D'où la conclusion, que si d'après la
doctrine de la Cour de Cassation les honoraires doivent être fixés en raison des *services rendus* et des
éléments de la cause, l'usage généralement adopté à
Paris par les Cours et Tribunaux de fixer les honoraires à 7 p. 100 pour ces travaux d'une nature
exceptionnelle, doit être respecté, parce qu'il est basé
sur l'équité et la raison.

Des travaux d'hôtel bien réussis, où l'art décoratif
tient le premier rôle, ne sont jamais trop payés. Nous
avons été souvent à même de remarquer que, si au
point de vue pécunier les architectes n'étaient chargé
d'exécuter que ces sortes de travaux, même au taux
de 7 p. 100, ces honorables artistes ne s'enrichiraient
guère. Nous sommes même persuadé qu'à ce taux,
ils rentreraient à peine dans leurs déboursés pour
frais de dessin, de courses et frais généraux de leur
atelier.

Pour un monument funèbre, reportez-vous au
chapitre 6, au mot : *Monument funèbre.*

§ 9.

Déplacements. — Voyages. — Correspondances. — Est-il dû un
supplément d'honoraires : — 1° En matière de travaux publics?
— 2° En matière de travaux particuliers ?

25. En ce qui touche l'exécution même des travaux
et leur surveillance, il ne peut y avoir lieu à déplacements, et conséquemment à voyages, qu'autant qu'il
s'agit de travaux exécutés en dehors du ressort du domicile de l'architecte, et à une distance de plus de
vingt kilomètres. Dans ce cas les travaux sont considérés comme travaux de campagne. Une circulaire
ministérielle du 9 septembre 1866 accorde aux
architectes des Travaux publics une indemnité de
déplacement lorsque les travaux s'exécutent en dehors de leur domicile. Cette circulaire ne fixe pas de
tarif spécial pour ces déplacements. La raison en est
fort simple, puisque l'arrêté du 12 Pluviôse an VIII
et l'ordonnance du 10 octobre 1841 ont réglementé
les indemnité de voyages et les frais de déplacement.
(Voyez § 4 du présent chapitre.)

26. Pour les travaux particuliers, il peut se faire

que le propriétaire n'habite pas l'endroit où s'exécutent les travaux, et que, pour se rendre compte plus
exactement des constructions à édifier, il demande à
son architecte de venir l'en entretenir et de se dé-
placer. Il va de soi que, dans ce cas, il y a un double
déplacement, qui ne touche en rien à l'exécution
même des travaux, ni à leur surveillance ; et qu'en
conséquence le propriétaire doit payer à son architecte, en outre des honoraires proportionnels, des
frais de voyages et déplacement.

S'il s'agit de travaux de campagne, l'architecte se
fera payer tout d'abord selon ce qui est indiqué au § 4
du présent chapitre : et, en plus, il aura droit à une
indemnité pour le surcroît de temps perdu et de dépenses que l'architecte sera obligé de faire, non plus
pour accomplir son œuvre, mais bien pour com-
plaire à son client. Cette indemnité sera réglée
selon ce qui est édicté par l'arrêté du 12 pluviôse
an VIII et l'ordonnance du 10 octobre 1841 (Voyez
§ 4 du présent chapitre).

27. Il peut se faire aussi que le propriétaire
tienne à être mis au courant de son affaire par voie
de correspondance échangée entre lui et son architecte. Dans ce cas, et si l'architecte se prête à cette

exigence, c'est à lui qu'il convient d'en spécifier les conditions. A défaut de convention quant à ce, nous pensons que l'architecte qui n'aurait pas à l'avance appelé l'attention du propriétaire sur ce surcroît de besogne et sur l'indemnité due, courrait gros risque en réclamant quoi que ce soit de ce chef, lors du règlement de sa note d'honoraires. Il y aurait là plutôt une attention de convenance qu'un surcroît de besogne proprement dit qui à notre avis ne pourrait donner ouverture à indemnité. Tout au plus l'architecte pourrait-il se faire payer ses déboursés soit d'affranchissement de lettres recommandées ou non, soit de commissionnaire s'il en était employé.

A l'appui de la thèse que nous soutenons dans les trois alinéas composant le présent paragraphe, reportez-vous au § 10 du chapitre 4, affaire Garray contre de Bourgoing, tranchée par jugement du *tribunal civil de la Seine* en date du 8 août 1878. Dans cette affaire, il s'agissait de déplacements et voyages.

§ 10.

Remise de plans. — Rendus de plans et façades. — Maquettes. —
Droits du propriétaire. — Est-il dû des honoraires spéciaux pour
le dressé des maquettes?

28. Le prix payé à un architecte pour la construction d'un édifice quelconque est censé solder
les honoraires dus tant pour la construction de
l'édifice que pour la confection des plans. Par suite
le propriétaire qui a payé la somme convenue ou les
honoraires dus est en droit d'exiger la remise des
plans, et c'est à tort que l'architecte exigerait pour
cette remise un prix distinct. Ces principes ont été
admis par un arrêt de la *Cour de Bordeaux* rendu le
29 novembre 1848, dont voici la teneur :

La Cour ; — Attendu qu'il est certain, en fait, que
le sieur Lavergne chargea, en 1834, le sieur Karr,
ingénieur, de la construction d'un four au lieu de
Coly ; que Karr devait devenir, et devint, en effet,
directeur de cette usine ; qu'il lui fut promis 4,000 fr.
d'appointements par année, etc. ; — Attendu que, pour
la construction d'une four, un plan général fut dressé
par Karr, signé *ne varietur* par les divers associés,

et annexé à l'acte social ; que plus tard l'intimé devint
directeur de l'usine, dressa, pendant la durée de sa
direction, quelques plans de détail, enfin qu'il lui fut
confié, par les associés, deux plans dressés, l'un par
un sieur Lebrun, et l'autre par un sieur Thénard ;—
Attendu qu'au mois de mars 1847, à la suite de quelques discussions avec Lavergne, Karr quitta l'usine
Coly, emportant tous les plans dont il vient d'être
parlé ; — Attendu que, sur l'action introduite par
Lavergne en remise des plans dont il s'agit, le tribunal de première instance de Libourne décida, par jugement du 27 août 1847, que les plans réclamés
étaient la propriété de Karr, et qu'il pouvait les garder
jusqu'au payement d'une indemnité que des experts ar-
bitreraient ;— Attendu que l'appel interjeté par Lavergne et compagnie donne à rechercher, premièrement,
si le plan général de la forge de Coly n'est pas la propriété de ceux à qui l'usine appartient ; secondement,
si les plans de détail, complément du plan primitif,
peuvent en être distraits comme appartenant à Karr ;
troisièmement, et en ce qui touche les plans dressés
par les sieurs Lebrun et Thénard, s'il n'y avait pas lieu
de condamner le défendeur à les remettre aux sieurs
Lavergne et compagnie. Attendu, à l'égard du plan
général, qu'il a dû nécessairement précéder la cons-

truction de l'usine ; que pendant le temps employé à sa
confection, c'est-à-dire avant que la forge fût établie,
Karr a touché ses appointements ; qu'il est donc prouvé
que Karr a reçu le prix de son travail, d'où suit que le
plan ne lui appartient plus ; — Attendu, d'ailleurs,
que dans l'absence de toutes conventions établissant,
au profit de l'ingénieur, un prix déterminé pour la
construction de la forge, et un second prix pour la
confection des plans de l'usine, l'usage et l'équité dé-
cident que le maître de la chose construite, lorsqu'il a
payé le constructeur, est aussi le maître des plans qui
ont servi à la construction ; — Attendu en ce qui concerne les plans de détail dressés pendant que Karr gé-
rait l'usine de Coly, qu'ayant été payés par les 4,000 fr.
d'appointements que Karr recevait chaque année, ils
sont aussi devenus la propriété de Lavergne et compagnie. — Par ces motifs, faisant droit de l'appel,
comdamne Eugène Karr à remettre aux sieurs
Lavergne et compagnie : 1° le plan général de l'usine
Coly, 2°, etc.

29. Si les honoraires dus à l'architecte n'ont pas
été soldés, le propriétaire (en matière de travaux *particuliers*) n'a pas le droit d'exiger la remise des plans.
Les plans sont considérés, avec juste raison, comme

étant un des gages de la créance de l'architecte sur le propriétaire.

30. En matière de travaux *publics* c'est tout différent, parce qu'il y a là une question d'ordre public et aussi parce que la solvabilité d'une administration publique ne saurait être mise en doute. En effet, un arrêt de la *Cour de Paris* en date du 14 *décembre* 1869 a jugé : « Que l'architecte d'un département auquel « est signifié un arrêté de révocation, n'a pas, comme « l'architecte d'un *particulier*, un droit de retention « jusqu'à parfait payement de ses honoraires; sur les « plans et devis qu'il a dressés dans l'exercice de ses « fonctions. Qu'une administration publique offre à « l'architecte toutes garanties de solvabilité. — Qu'en « tous cas, un service public ne saurait être inter- « rompu par suite d'une difficulté survenue entre « deux fonctionnaires publics. Que par suite, les prin- « cipes admis pour travaux particuliers ne sont pas « applicables, etc.

Le lecteur voudra bien remarquer que ce dernier arrêt admet la thèse posée en principe, pour les travaux *particuliers*, par l'arrêt de la Cour de Bordeaux, sus-rapporté : puisque dans l'un de ses considérants nous trouvons cette phrase : « Que l'architecte d'un

« département, etc., n'a pas comme l'architecte *d'un*
« *particulier* le droit, etc., etc. »

31. Par remise des plans, il faut entendre non
la remise de *rendus* de plans ayant un caractère artistique, mais bien la remise des plans ayant servi à
l'exécution : ceux que le propriétaire a acceptés avant
le commencement des travaux (dans la pratique, la
remise d'une série de plans authographiés ou simplement calqués avec coupes et façades, le tout à l'échelle
de 0^m.02 pour mètre).

32. Lorsque le propriétaire demande qu'il lui soit
remis des *rendus* de plans, coupes et façades, dressés
sur papier fort et lavés avec ou sans effet d'ombre,
il est dû à l'architecte, pour chaque feuille grand aigle
100 francs, et pour chaque feuille demi grand aigle
60 francs. Ces rendus doivent porter la signature de
l'architecte pour conserver son droit de propriété artistique.

33. Pour les travanx de décorations il est d'u-
sage de dresser des maquettes donnant en petit (généralement à l'échelle de un centimètre pour mètre)
l'ensemble des dispositions décoratives comme

lignes, détails, ornements et comme valeur des tons
décoratifs. Ces frais de maquette doivent être payés à
l'architecte en dehors de ses honoraires. Il est d'usage
d'en fixer la valeur à 3 p. 100 du montant des travaux
d'arts décoratifs. Malgré l'allocation de ce supplément
d'honoraires de 3 p. 100, un architecte qui ne ferait
exécuter que des travaux de ce genre rentrerait à peine
dans ses déboursés, tellement l'art décoratif exige de
soins, de tâtonnements, de surveillance, et conséquemment de déboursés et de dérangements. Les tribunaux n'ont jamais eu à se prononcer sur ce point
spécial : cela tient sans doute à ce que les propriétaires qui ont fait exécuter des travaux d'art ont
eu le tact et l'esprit de comprendre que ces sortes
de travaux ne pouvaient être, sous aucun rapport,
assimilés aux travaux ordinaires, pour lesquels le
bois, le marbre et les à-plats jouent le plus grand
rôle et n'exigent aucune étude, ni aucune connais-
sance artistique.

34. Moyennant le payement de 3 p. 100 d'honoraires, en sus des honoraires proportionnels ordinaires (Voyez § 8 du présent chapitre), le propriétaire
a le droit de se faire remettre les maquettes et dessins
qui ont servi de base pour l'exécution des travaux.

Mais dans la pratique, il est rare qu'un propriétaire
use de ce droit, et cela se conçoit, puisqu'il a chez lui.
dans son intérieur, la maquette grandeur d'exécution
qu'il peut contempler à son aise.

§ 11.

Etats de situation fournis pour la délivrance des à-compte. L'architecte a-t-il le droit de faire payer des honoraires spéciaux
pour le dressé des états de situation.

35. L'usage admis dans la pratique accorde
aux architectes qui doivent dresser ou vérifier des états
de situation devant servir de base pour la délivrance
des à-compte, le taux de demi pour cent, alloué pour
devis par l'arrêté du 12 pluviôse an VIII.

L'architecte qui accepte de dresser ou de vérifier
les états de situation et de fixer les à-compte qui peuvent
être payés à l'entrepreneur peut encourir une grave
responsabilité s'il commet une erreur, ou si, ne tenant
pas compte exactement des travaux faits et de la manière dont ils sont exécutés, il fait payer à l'entrepreneur plus qu'il ne lui est dû ou qu'il ne lui serait
dû, au cas où dans l'avenir des malfaçons ou vices de
constructions se révéleraient.

Il est donc juste qu'encourant une responsabilité nouvelle, qui n'a rien de commun avec la responsabilité ordinaire de l'architecte, celui-ci soit indemnisé par un supplément d'honoraires correspondant au surcroît de travail et surtout au surcroît de responsabilité. Cela n'a jamais été contesté.

36. Tout ce que nous venons de dire s'applique aux travaux particuliers seulement : parce que pour ces sortes de travaux la mission ordinaire de l'architecte ne s'étend pas au payement des travaux, le contraire de ce qui a lieu pour les travaux publics où il est de règle qu'aucun à-compte ne soit délivré sans la production d'un certificat d'à-compte. Pour les travaux publics, communaux ou hospitaliers, régis non plus par les services rendus comme les travaux particuliers, mais bien par le tarif légal du 12 pluviôse an VIII appliquant un tarif uniforme de 5 p. 100, nous estimons que dans ce cas, le dressé ou la vérification des états de situation incombe à l'architecte sans qu'il soit fondé à réclamer le supplément d'honoraires de 1/2 p. 100 dû pour les travaux particuliers seulement.

§. 12.

Payement des honoraires. — A-comptes. — Solde. — Action en
payement. — Compétence des tribunaux. — Prescription tren-
tenaire. — Privilége.

37. L'architecte a le droit de se faire payer
ses honoraires au fur et à mesure de l'avancement
des travaux. Si on veut bien réfléchir qu'avant l'exécution des travaux, l'architecte travaille depuis bien
longtemps déjà au dressé des plans, coupes et façades,
à l'établissement des cahiers des charges, des devis, etc.
Si on veut bien se rendre compte aussi, que dès avant
cette époque, il a dû faire nombre de démarches,
subir nombre d'entrevues avec des entrepreneurs pour
trouver de bonnes conditions de prix, débourser d'assez
fortes sommes : on reconnaîtra sans peine, que le fait
d'être payé au fur et à mesure de l'exécution des travaux, est la plus dure condition qui puisse être faite à
l'architecte. C'est là un usage consacré dans la pratique, aussi bien en matière de travaux publics qu'en
matière de travaux particuliers. Les tribunaux, dans
beaucoup de cas, ont toujours admis et appliqué ces

principes, découlant de l'usage et de la raison. Un propriétaire ou une administration publique qui refuserait d'exécuter cette coutume fort sage et fort équitable méconnaîtrait gravement les obligations qu'ils sont tenus d'exécuter envers leur architecte ; et par cela même, celui-ci serait en droit d'interrompre le cours des travaux aux frais, risques et périls du propriétaire. Toutefois, cette interruption ne serait valable qu'après une mise en demeure signifiée préalablement au propriétaire.

38. Le payement du solde des honoraires d'architecte doit être fait immédiatement après la réception des travaux, ou leur prise de possession. C'est là une coutume admise par les Cours et Tribunaux.

39. L'action en payement d'honoraires d'architectes doit être portée devant les Tribunaux civils, s'il s'agit de travaux particuliers exécutés pour des propriétaires non commerçants, ou pour des commerçants si les constructions édifiées ne sont pas faites à l'usage de leur commerce. Les juges de paix sont compétents jusqu'à concurrence de 150 fr. en dernier ressort. Si les constructions sont faites

pour l'usage commercial d'un propriétaire, l'architecte a le droit de porter la demande en payement devant le Tribunal de commerce, juridiction
plus expéditive que celle des Tribunaux civils et
qui juge en dernier ressort jusqu'à concurrence de
1.500 francs.

40. Pour les travaux publics exécutés pour le
compte de l'État, des villes, communes, hospices,
monts-de-piété, caisses d'épargne, etc., etc., l'action
en payement doit être portée devant le Conseil de
préfecture. A cet égard, un arrêté du *Conseil d'État*
rendu le 1er mars 1860, a jugé :

« Que les travaux de préparation de plans et devis
« faits par un architecte à la demande d'une com-
« mune participent du caractère des travaux à l'exé-
« cution desquels ils se rattachent. Par suite, l'action
« en payement de ses honoraires doit être portée
« devant l'autorité administrative. »

Jugé aussi par arrêtés du *Conseil d'État* en date des
26 décembre 1867 et 14 décembre 1869 : « que le
« préfet n'était pas compétent pour statuer sur une
« note d'honoraires. Que le conseil de préfecture
« pouvait seul statuer valablement. »

Enfin, lorsque le dressé des plans et devis d'un

lotissement d'un terrain par exemple présente un
caractère plutôt privé que public, le Tribunal civil est
seul compétent. Ainsi l'a jugé un arrêté du *Conseil
d'État* en date du 29 avril 1865.

41. A l'égard de la prescription, l'architecte jouit
du délai ordinaire de 30 ans pour le payement de ses
honoraires. Le nouveau *Denizart*, n° 14, enseigne
avec raison : « qu'on ne peut opposer à l'architecte
« la prescription de 6 mois portée par l'article 2271
« du Code civil. » C'est aussi l'avis de M. *Troplong*
au mot prescription, n° 954. Cet avis est également
partagé par *Frémy-Ligneville*, n° 1598.

42. L'architecte a un privilége sur les constructions
par lui dirigées, mais il doit pour cela remplir les formalités prévues par l'article 2103 du Code civil, qui
sont de rigueur. Voici en quoi consistent ces formalités :

1° Avant de commencer les travaux, l'architecte
doit faire constater par expert l'état du terrain où il
s'agit de bâtir ou l'état de l'immeuble qu'il s'agit de
restaurer ou d'agrandir. Cet expert doit être nommé
par le Tribunal civil du lieu où est situé l'immeuble à
bâtir. Le jugement est rendu sur requête présentée.

avec ou sans le consentement du propriétaire, par
défaut ou contradictoirement avec lui. Si le jugement
est rendu sans le consentement du propriétaire, il doit
être signifié à celui-ci avec sommation d'assister aux
opérations de l'expert.

2° Le rapport de l'expert doit être déposé au greffe,
dans le plus bref délai possible; une expédition en est
délivrée par le greffier du Tribunal civil; cette expédition, jointe à un bordereau d'inscription qui doit être
libellé par un avoué ou un officier ministériel quelconque, doit être déposée au bureau des hypothèques
de l'arrondissement où est situé l'immeuble, pour y
être transcrite. Cette formalité de transcription est
exigée pour que l'inscription du privilége soit rendue
publique et puisse être connue des intéressés, notamment de ceux qui seraient dans l'intention de con-
tracter un prêt ou une ouverture de crédit au propriétaire.

3° Aussitôt les travaux exécutés, et au plus tard
dans les six mois qui suivent leur perfection dit le
quatrième alinéa de l'article 2103 du Code civil, les
travaux doivent être reçus par le même expert, qui
déjà a constaté l'état de l'immeuble avant construction.
Cet expert fixe la valeur des travaux exécutés et dépose
son rapport au greffe du Tribunal civil.

4° Sans perdre de temps, l'architecte fait lever ce second rapport de l'expert ; l'expédition délivrée par le greffier, appuyée d'un nouveau bordereau d'inscription rédigé dans les formes prévues par la loi par un avoué ou un officier ministériel quelconque est déposée au bureau des hypothèques de l'arrondissement où est situé l'immeuble, pour y être transcrite à la suite de la première mention faite avant le commencement des travaux, et être ainsi rendue publique. Ce second bordereau d'inscription doit contenir : 1° les noms, prénoms, profession de l'architecte requérant ; 2° l'indication d'un domicile élu ; 3° la mention d'inscription par privilège en vertu de l'article 2103 du Code civil ; 4° la mention des jugements rendus et de la première inscription prise ; 5° le montant de la créance en principal, intérêts et accessoires.

Le privilége ainsi établi, et transcrit au bureau des hypothèques, prime tous les créanciers antérieurs et postérieurs à la date des inscriptions, même le privilége de vendeur du terrain ; et ce, dans la limite de l'excédant de valeur constatée par le second procès-verbal. Cette différence de valeur se réduit à la plus-value existante à l'époque de l'aliénation de l'im-

meuble : plus-value résultant des travaux exécutés
dans cet immeuble.

A défaut d'accomplissement d'une seule de ces formalités, ou à défaut d'observer les formes prévues par
la loi pour leur accomplissement, le privilége peut
être entaché de nullité. Nous ne saurions trop engager
MM. les architectes à s'adresser à un avoué pour l'accomplissement des formalités. D'ailleurs, l'assistance
de l'avoué est indispensable pour obtenir le jugement
sur requête qui nomme l'expert. C'est là un acte de
procédure qu'aucun autre officier ministériel ne peut
faire valablement.

On s'est quelquefois demandé si le fait de nommer
d'accord un expert, suivant acte reçu par devant notaire, pouvait tenir lieu de jugement. Nous ne le
pensons pas, et la raison en est bien simple : c'est
qu'un expert ainsi nommé n'offrirait pas aux yeux
des tiers-intéressés les garanties indéniables et indis-
cutables de l'expert judiciaire, de l'expert nommé par
le tribunal, prêtant serment, et revêtu du caractère
légal, s'il est permis de nous exprimer ainsi.

D'ailleurs, ces formalités ne sont pas aussi com-
pliquées qu'elles le semblent au premier abord.
Elles se bornent en définitive, avant tous travaux : à
l'obtention d'un jugement qui est rendu du jour au

lendemain sans aucune plaidorie, et à l'accomplissement de diverses autres formalités qui ne sont ni longues, ni dispendieuses.

Quand on compare la sécurité et la garantie obtenues par l'inscription du privilége, aux risques que l'on peut courir avec un propriétaire qui peut emprunter, vendre son immeuble, en toucher le prix, devenir insolvable ensuite, on ne comprend pas que les architectes et les entrepreneurs se laissent duper si souvent par d'habiles spéculateurs.

A Paris, la ville des spéculateurs et des constructeurs souvent audacieux et téméraires, pour ne pas dire plus, on n'inscrit très-certainement pas, deux priviléges de constructeur par année. Le nombre des propriétaires spéculateurs qui ne payent pas leurs architectes et qui tombent en déconfiture est cependant fort considérable.

§ 13.

Association d'architectes. — Partage des honoraires. — Droit de
signer l'œuvre. — Quels sont les droits respectifs de chaque architecte ? — Le propriétaire est-il tenu de payer un supplément
d'honoraires s'il emploie le concours de plusieurs architectes
pour l'édification d'un édifice quelconque ?

43. Lorsque deux ou plusieurs architectes con-
courent simultanément à l'édification de travaux publics ou particuliers, le partage des honoraires doit
se faire par portions égales entre eux, à moins de
convention contraire bien entendu.

Pour que le partage doive se faire dans d'autres
conditions, il faudrait que la mission de chaque architecte ait été parfaitement déterminée à l'avance,
et qu'il ait été expressément convenu que chacun
serait payé selon le travail spécial qui lui serait
propre. Ainsi, l'un aurait pu être chargé du dressé
des projets et devis, et ne pas s'occuper de l'exécution
ni du règlement des mémoires ; l'autre, aurait pu con-
duire les travaux et procéder à la vérification des
mémoires. Mais, nous le rappelons, quand bien même
la mission de chaque architecte serait aussi facile que

cela à déterminer, la part contributive de chacun ne
pourrait être limitée au travail fait par lui qu'autant
qu'il y aurait eu convention expresse à cet égard. En
effet, supposons les projets dressés exclusivement par
l'un des architectes; est-ce que l'un ou les autres architectes ne peuvent pas arguer avec raison des
idées qu'ils ont pu communiquer et développer à leur
confrère, des croquis qu'ils ont pu lui fournir, des
modifications, changements en moins ou en plus et
de toutes améliorations apportées aux projets en cours
d'exécution? Et en revanche, celui des architectes qui
aurait été chargé du dressé des plans et devis, ne
pourrait-il pas arguer à son tour des renseignements
nombreux qu'il a dû fournir par paroles, par écrits ou
par dessins et croquis pour faciliter l'exécution des
projets qu'il a seul conçus, mettant en lumière les
points forcément obscurs d'un projet, qui, quoique
complétement et soigneusement établi, laisse toujours
dans l'ombre certains petits détails, ne pouvant être
indiqués utilement que sur place, lors de l'exécution ?

D'ailleurs, la bonne confraternité exige que les
architectes, collaborant à une œuvre commune, s'oc-
cupent tous, directement ou indirectement, de toutes
les opérations précédant, accompagnant ou suivant

l'exécution de l'édifice construit ; et que, par suite,
la rémunération soit égale pour tous. — L'égalité
comme rang, sinon comme travail, emporte de plein
droit l'égalité du salaire. C'est là une règle absolue
en matière d'association, surtout lorsqu'il s'agit d'as-
sociations entre artistes, où les services rendus utilement ne peuvent être calculés selon le temps
passé et l'importance matérielle de la besogne
accomplie.

Même traitement, mêmes prérogatives, même autorité, et mêmes droits pour tous : cela engendre forcément un même salaire, pour tous ceux qui con-
courent à l'édification de l'édifice qui ne saurait être
l'œuvre de tel ou tel, mais bien l'œuvre commune. —
Et de même que la réputation acquise par l'édification
de cette œuvre rejaillira sur les collaborateurs d'une
façon égale, de même la rémunération pécunière
sera égale aussi.

La raison, la délicatesse et les convenances exigent
qu'il en soit ainsi, le droit et la loi le veulent également.

44. A moins de convention contraire, le propriétaire ne peut être tenu de payer une somme d'honoraires excédant celle qu'il aurait payée s'il n'avait

employé qu'un seul architecte. Sans doute, au cas
d'association d'architectes, la part de chacun se trouve
réduite, mais il y a compensation dans la somme de
travail fait par chaque architecte. D'ailleurs, s'il y a
là une situation laissant à désirer sous le rapport
des bénéfices encaissés par chacun, la proposition
du propriétaire relative aux honoraires pouvait très-
bien ne pas être agréée à moins de stipulation spéciale.

45. Le droit de signer l'œuvre appartient à tous
les associés. D'où il suit que l'un des collaborateurs
architectes ne peut pas valablement, à l'exclusion de
ses confrères, signer seul la façade du monument; et
cela, quand bien même le dressé des projets, dessins,
profils et détails seraient son œuvre personnelle.
Ajoutons pour terminer : que le droit de signer une
œuvre, même collectivement, ne peut s'exercer qu'autant que le propriétaire y consent. Si le consentement
du propriétaire ne visait que l'un des associés architectes, les confrères de celui-ci n'en conserveraient
pas moins leurs droits (découlant de la Loi) d'empêcher l'un d'eux d'apposer sa signature sur l'édifice à
l'exclusion de ses collaborateurs. Il est incontestable
que si le propriétaire a le droit de refuser la signature

de l'œuvre, ce refus doit s'exercer contre les architectes ayant concouru à l'œuvre, et non pas contre
l'un d'eux seulement. Dans ce cas, la volonté du propriétaire, même avec l'agrément de l'architecte qu'il
veut favoriser, ne peut en aucune façon porter atteinte
aux droits des autres architectes : parce que ce droit
est d'un ordre supérieur, et ne doit être réglé quant à
son étendue et quant à son application, que par ceux
qui y sont directement intéressés.

46. Après les y avoir autorisés, un propriétaire
peut-il empêcher les architectes de signer leur
œuvre? La jurisprudence n'admet pas cette prétention du propriétaire; en cas de refus persistant de sa
part, ce propriétaire peut être condamné à payer des
dommages-intérêts à ses architectes. C'est un point
qui a été jugé par arrêt de la *Cour d'appel d'Aix*
du 19 juin 1868. Voici dans quelles circonstances
de fait, cet arrêt a été rendu :

Le sieur Pochet, architecte, a dressé les plans et
surveillé la construction de plusieurs maisons fort importantes, situées à Marseille, rue Impériale. Le prix
total de ces diverses constructions se serait élevé à plus
de 4 millions. Pourtant il n'a reçu de M. Saint-Paul,
entrepreneur et propriétaire, que 10,000 francs d'ho-

noraires; mais il s'est affranchi par une convention
expresse de la responsabilité qui pèse ordinairement
sur l'architecte, et il s'est, en outre, réservé le droit
de faire inscrire son nom sur les façades. M. Saint-
Paul s'est opposé pendant six mois à l'exécution de
cette dernière clause, et le tribunal de Marseille l'a
condamné à 4,000 francs de dommages-intérêts en
réparation du préjudice qu'il avait causé à l'architecte
par cette injuste résistance. M. Pochet a demandé en
outre que son adversaire fût tenu « de faire enlever
de la façade de l'îlot n° 17 *ter*, rue Impériale, les
deux statues que celui-ci y avait placées, lesquelles
déparaient l'œuvre de l'artiste et portaient une atteinte grave à sa réputation » et, faute d'opérer cette
suppression, fût condamné à 25,000 francs de dommages-intérêts. Sur ce dernier chef, le tribunal a
rendu le jugement suivant, sous la présidence de
M. Gamel :

« Le tribunal,

« Attendu que Saint-Paul a fait placer sur le portail de l'îlot 17 deux statues du plus mauvais goût,
et dont l'exécution est si peu conforme aux règles de
l'art qu'elles avaient été refusées pour le portail de
l'îlot 14;

« Attendu qu'il est constant que les plans de la fa-

çade de l'îlot 17 n'indiquaient nulle part le placement
de statues que le portail n'était point fait pour recevoir, et que le style simple et sévère de cette façade ne
comporte point ce genre d'ornement ;

« Attendu qu'en principe général, le propriétaire
d'un édifice a le droit de ne pas exécuter les plans
qu'il a fait dresser pour sa construction ou son orne-
mentation, de les changer, de les modifier suivant son
bon plaisir et sans que l'architecte qui en est l'auteur
puisse s'y opposer, mais à la condition expresse qu'il
en aura payé le prix suivant leur importance et conformément à l'usage ; mais qu'il ne saurait en être
ainsi lorsqu'il a été dérogé à ces principes par les
accords des parties ; que leurs droits respectifs sont
alors régis par les stipulations de leurs conventions,
comme cela a eu lieu entre Pochet et Saint-Paul,
car, la somme de 10,000 francs étant bien inférieure
à celle qui était due à l'architecte pour ses honoraires,
suivant l'usage, la réserve du droit d'inscrire son
nom sur les façades est un des éléments du prix,
d'où il suit que Pochet est fondé à exiger que les
façades soient conformes à son plan et que les statues
qu'on y a ajoutées soient enlevées ;

« Attendu que, si elles étaient maintenues, il
serait privé de l'exercice de son droit, ne pouvant

signer un ouvrage d'art qui aurait été modifié et dé-
naturé sans son concours et son approbation ;

« Ordonne que Saint-Paul sera tenu, sur la signification qui lui sera faite du présent jugement, de
faire enlever les deux statues qu'il a fait placer sur le
portail de l'îlot 17 et de rétablir ledit portail conformément aux plans dressés par Pochet, et faute de ce
faire dans le délai de droit, le condamne à payer au
demandeur une somme de 2,000 francs. »

Me Crémieux (du barreau d'Aix) a demandé à la
Cour, au nom de Saint-Paul, l'infirmation du jugement.

Me Mistral, avocat de Pochet, en a demandé la confirmation.

M. l'avocat général Desjardin, après avoir établi
que M. Pochet s'était réservé le droit de signer son
œuvre, et après avoir prouvé qu'un artiste en vendant
son œuvre, ne perdait pas le droit de la faire respecter
et d'empêcher que l'acheteur y fît faire des changements ou des additions, a su résumer dans les termes
suivants l'importance que la question avait pour le
sieur Pochet :

« Vous n'avez pas oublié, messieurs, que l'architecte a stipulé le droit de signer son œuvre ; bien plus,
il l'a chèrement acheté, car je crois, avec le tribunal,

qu'il s'est à cette seule condition contenté d'aussi
faibles honoraires. Ce qu'il perdait en argent, il espérait le gagner en réputation. Il s'est donc efforcé
d'imprimer un caractère artistique au monument.
Saint-Paul le lui conteste-t-il? Nul ne l'a reconnu
plus solennellement, soit dans les journaux de Marseille, soit dans la notice biographique que j'ai déjà
citée. Ainsi donc, il y avait là, d'après l'opinion des
deux parties avant l'instance, une production artistique.
En fait, pour quiconque a vu les lieux et quoiqu'il
s'agisse d'architecture industrielle, il est impossible
de refuser une certaine valeur artistique à ce grand
bâtiment qui se décompose en cinq maisons et qui
forme l'îlot 17 *ter* de la rue Impériale. J'ajoute, avec
le tribunal, que la façade ne comporte pas ce genre
d'ornement, et que les statues sont du plus mauvais
goût. Ce contre-sens grossier frappe les yeux les
moins exercés et les esprits les moins façonnés aux
règles de l'architecture. La pensée de l'artiste est dé-
naturée.

« En infirmant cette partie du jugement, vous
mettrez Pochet dans l'alternative ou de subir un
affront ou d'abdiquer un droit. S'il ne signe pas, c'est
en vain qu'il aura diminué le chiffre de ses honoraires; s'il signe, les passants souriront au lieu d'ad-

mirer, et se demanderont comment l'architecte a
voulu populariser à ce point son mauvais goût. On
ne lui imputera pas, a-t-on dit, les statues elles-
mêmes; d'accord, mais on lui reprochera d'avoir
placé des statues sur un portail qu'elles ridiculisent,
et d'avoir accepté de pareilles statues. Je suis propriétaire, dit encore l'appelant : en m'empêchant
de modifier ma façade, on impose à mon immeuble
la plus étrange des servitudes, également repoussée
par la convention et par la loi. Non, je ne prétends
ni démembrer la propriété de Saint-Paul, ni investir
Pochet d'un droit réel. Je voudrais faire respecter au
propriétaire la convention qu'il a signée : il a voulu
d'abord empêcher directement l'architecte d'inscrire
son nom sur la façade; lui permettrez-vous d'atteindre ce but inique par une voie détournée? Pochet
ne signera pas, s'il se porte à lui-même, en si-
gnant, un préjudice assuré. La convention ne sera
donc pas exécutée, grâce à l'ingénieux artifice de
Saint-Paul. Pour obéir à la loi, vous devez, en
pareil cas, condamner le propriétaire à des dommages-intérêts, s'il n'aime mieux supprimer les statues. »

La Cour a rendu l'arrêt suivant, après un long délibéré en la chambre du conseil.

« La Cour,

« Attèndu que la convention du 28 janvier 1865 porte, dans son article 2, que Saint-Paul s'oblige à payer à Pochet une somme de 10,000 francs, pour les honoraires du travail dont celui-ci était chargé et qui devait se borner à la création des plans et dessins ;

« Attendu que l'article 4 de la même convention constate que si cette somme d'honoraires est inférieure à celles que fixent les usages locaux, c'est par ce motif qu'il est expressément convenu qu'aucune responsabilité n'incombera à Pochet... ;

« Attendu que si celui-ci a stipulé, dans l'intérêt de sa réputation d'architecte, que son nom serait inscrit sur la façade, cette exigence, légitime d'ailleurs, n'est pas corrélative aux dispositions des articles 2 et 4 de la convention et n'a pas à être régie par ceux-ci ;

« Que cette faculté de faire graver son nom avait été néanmoins stipulée; que Saint-Paul, en ne l'exécutant pas, a violé cette clause du contrat et a porté ainsi à Pochet un préjudice qu'il est tenu de réparer; que Pochet avait fixé à 3,000 francs le chiffre des dommages-intérêts qu'il réclamait...; que les premiers juges ont eu le tort d'allouer plus qu'il n'était demandé et qu'il y a lieu, sur ce point, d'infirmer leur décision ;

« Attendu, en ce qui concerne les statues placées sur la porte de la maison n° 93, qui, au dire de Pochet, doivent être supprimées comme altérant, au point de vue artistique, la façade dont il a donné les plans et qui doit porter son nom, que rien n'a été convenu à cet égard ;

« Que le droit du propriétaire de disposer pleinement de sa chose ne saurait être diminué, à moins de convention formellement déclarative d'une concession qui modifierait le droit absolu qu'il a sur sa propriété ;

« Que, comme il a été dit déjà, aucun prix pour la garantie d'une pareille obligation n'a été indiqué dans la convention ;

« Qu'il ne saurait donc appartenir à Pochet d'exiger l'enlèvement des statues dont il demande la suppression, et que c'est sans motif suffisant que le tribunal lui a accordé des dommages-intérêts pour le cas où les statues seraient maintenues en leur place.

« La Cour réduit à 2,000 francs l'allocation des dommages-intérêts ; infirme la sentence, soit au chef de plus grands dommages-intérêts pour la résistance opposée par Saint-Paul à l'inscription du nom de

l'architecte, soit en la disposition ordonnant l'enlèvement des statues, ou, à défaut, une indemnité. »

Le lecteur voudra bien remarquer que dans cette
affaire, il s'agit d'un architecte n'ayant dressé que
les plans et projets d'un certain nombre de maisons.
Si l'architecte accomplit sa mission complète, c'est-à-
dire si l'architecte dresse les plans, étudie les détails,
surveille l'exécution, vérifie les comptes, etc., etc., la
doctrine admise par la *Cour d'appel d'Aix* nous paraît devoir être appliquée, sans nul conteste.

CHAPITRE II

QUESTIONS D'ESPÈCES PARTICULIÈRES. — CAS SPÉCIAUX.

§ 1. — Idées nouvelles du propriétaire. — Changements apportés
 aux premiers projets.
 Dans quel cas est-il dû un supplément d'honoraires?
§ 2. — Groupe de maisons établies sur un type.
 Les honoraires doivent-ils être calculés sur l'ensemble des
 constructions, pour l'émolument entier de 5 p. 0/0?
§ 3. — Travaux urgents exigeant une célérité exceptionnelle. —
 Est-il dû des honoraires spéciaux.
§ 4. — Travaux de reprise en sous-œuvre. — Honoraires dus.
§ 5. — Restauration de vieux monuments publics ou particuliers.
 — Honoraires dus.
 A qui incombe les frais de levé de plans e façades des
 constructions anciennes, les frais de nivellement, etc.?
§ 6. — Exhaussement d'un vieux bâtiment. — Outre le chiffre des
 honoraires à 5 0/0 sur les travaux exécutés, le propriétaire ne doit-il rien autre chose à son architecte?
§ 7. — Travaux faits pour un locataire. — Les honoraires sont-ils
 les mêmes que pour travaux faits pour le compte d'un
 propriétaire. — L'architecte du propriétaire qui suit le
 travail a-t-il droit à des honoraires et dans quelles proportions?
§ 8. — Type de façade. — Si le contrat de vente oblige l'acquéreur à faire la façade sur rue, suivant un type désigné
 par le vendeur, le propriétaire est-il en droit de dimi-

nuer les honoraires habituels de 5 0/0, sous le prétexte
que l'architecte n'a pas eu à composer les détails de la
façade?

§ 9. — Régime dotal. — Emploi de fonds dotaux. — Outre les honoraires à 5.0/0 pour plans, direction et vérification des
travaux, l'architecte a-t-il droit à un supplément d'honoraires, comme exécutant une volonté contractuelle
ou une décision de justice?

§ 10. — Arrangement amiable entre le propriétaire et son entrepreneur. — Acceptation par celui-ci d'une somme moindre que celle résultant du règlement des travaux.

Quid, si l'arrangement intervient avant la remise des mémoires? — Dans ce cas, le propriétaire est-il en droit de
diminuer les honoraires de l'architecte à raison de la
non vérification faite?

§ 11. — Quid, si le propriétaire fait exécuter par lui-même les travaux de certains corps d'état?

§ 12. — Matériaux fournis pas le propriétaire. — Emploi de vieux
matériaux. — Travaux à façon. — Sur quelles bases
faut-il calculer les honoraires dus à l'architecte?

§ 13. — Reprise en compte de vieux matériaux par l'entrepreneur.
— Travaux à forfait ou sur série de prix. — Comment
se calculent, les honoraires dus à l'architecte.

§ 14. — Un propriétaire vend les terres provenant des déblais ou
les donne pour rien à charge de les enlever. — Par suite,
les prix de fouille ne comprennent pas la valeur de l'enlèvement de ces terres. — L'architecte a-t-il droit à des
honoraires sur la somme représentant la valeur de ces
enlèvements de terre.

§ 15. — Un propriétaire fait exécuter lui-même les déblais des
sous-sols de son bâtiment, ne laissant à son architecte
que les fouilles en rigoles à diriger. — Dans ce cas particulier l'architecte ne doit-il calculer ses honoraires
que sur le travail qu'il dirige?

§ 16. — L'architecte a-t-il droit à des honoraires pour la construction d'un branchement d'égout, exécuté par un entrepreneur de la ville, sur indications fournies par le service de la voirie?

§ 17. — Démolition d'anciennes constructions. — Honoraires dus à l'architecte.

§ 18. — Lorsque le propriétaire achète lui-même les cheminées en marbre de son bâtiment, avec ou sans le concours de l'architecte, celui-ci a-t-il droit de se faire payer ses honoraires sur le montant de cette acquisition ?

Quid, pour les glaces, grilles en fer, clôtures et autres accessoires de la construction, considérés comme immeubles par destination ?

§ 19. — Vieilles menuiseries fournies par le propriétaire. — Honoraires dus à l'architecte.

§ 20. — La responsabilité de l'architecte, au point de vue pécunier, doit-elle être limitée à la somme d'honoraires par lui touchés ?

§ 21. — Malfaçons. — Réfections. — Dans quel cas, les sommes dépensées pour réfection de malfaçons doivent-elles être déduites du montant des travaux exécutés, lorsqu'il s'agit de calculer les honoraires dus à l'architecte ?

§ 22. — Un propriétaire charge un architecte de lui construire un bâtiment pour un usage particulier. Si ces constructions ne répondent pas aux besoins exprès et convenus, est-il dû malgré cela à l'architecte des honoraires à 5 p. 0/0 ?

§ 23. — Architecte ayant mal réglé un mémoire. — Est-il responsable des conséquences possibles résultant d'erreurs commises volontairement ou involontairement ?

§ 24. — Comptes de mitoyenneté. — Doit-on des honoraires spéciaux pour l'établissement de l'attachement figuré du mur, du métré du mur, de la ventilation des dépenses, des vacations sur place, etc., etc.

1° Si l'architecte qui dresse le compte a construit le bâtiment et le mur, a reçu les honoraires habituels de 5 0/0 sur l'ensemble de la construction ?

2° Si l'architecte n'a pas construit le bâtiment ni le mur ?

CHAPITRE II

§ 1.

47. Tant que les plans n'ont pas été acceptés définitivement par le propriétaire et signés par lui, ou n'ont pas reçu un commencement d'exécution (ce qui équivaut à une acceptation), il va de soi que le propriétaire est en droit de demander les modifications que la réflexion lui suggère. Que ces modifications n'aient en vue qu'une satisfaction plus ou moins raisonnée à accorder au propriétaire, ou qu'ils portent sur la destination même de l'édifice, les principes sont les mêmes.

Il est de règle que l'irrésolution du propriétaire peut se manifester aussi souvent qu'il en sent le besoin. Tant qu'il n'a pas adhéré tacitement ou expressément au dressé des projets et devis, son inexpérience en matière d'art de bâtir l'excuse, en cela, aux yeux de la loi.

De nombreux arrêts et jugements ont été rendus dans ce sens par le Conseil d'État et par les tribunaux de l'ordre judiciaire. — C'est là un point qui ne peut faire aucun doute. Aussi, nous éviterons à nos lecteurs l'examen toujours fastidieux des décisions rendues.

48. Si, au contraire, les changements apportés par le propriétaire se manifestent sous forme d'i-ovésel sel enp sèrpa'que les plans ont été acceptés par lui, soit tacitement, soit expressément, ainsi qu'il est expliqué ci-dessus, l'architecte a le droit de se faire payer l'étude des changements et projets nouveaux, selon leur importance. L'arrêt de la Cour de cassation du 27 décembre 1875 nous autorise à dire ici que, dans ce cas particulier, l'architecte rend un nouveau service à son client, tout à fait en dehors de sa mission première. La jurisprudence de la Cour de cassation nous indiquant que la rémunération de l'architecte doit être basée en matière de travaux particuliers, *sur les services rendus* : il nous paraît découler de cette doctrine, qu'un supplément d'hono-

raires doit être alloué à l'architecte dans le cas spécial qui nous occupe. Ce supplément d'honoraires sera-
t-il réglé comme une simple indemnité, ou comme un
dressé de projets nouveaux? Suivant Dalloz, n° 113,
Répertoire Général, il y a lieu, dans ce cas, d'allouer
une indemnité en rapport avec l'importance du surcroît
de besogne imposé à l'architecte. L'émolument proportionnel de un et demi pour cent applicable aux projets et devis ne peut être alloué que pour une première
étude. Toute modification *de détail* à cette étude doit
se traduire par l'allocation d'une indemnité. Nous soulignons avec intention ces mots « *de détail* » parce que
si le premier projet était complétement anéanti, soit
par l'adjonction d'un terrain pour agrandir les premières dispositions, soit par changement de destination de l'immeuble, soit par un bouleversement général des distributions : toutes causes nécessitant la
conception d'un projet entièrement nouveau, dans
ce cas, l'architecte aurait droit à l'émolument
proportionnel de un et demi pour cent : parce que
ce projet nouveau serait une œuvre complétement
indépendante de la première étude, définitivement et complétement abandonnée par le propriétaire.

§ 2.

Groupe de maisons établies sur un type. — Les honoraires doivent-ils être calculés sur l'ensemble des constructions, pour
l'émolument entier de 5 p. 0/0 ?

49. Un arrêt de la *Cour de Paris* rendu le
29 décembre 1859 a jugé : « que l'architecte chargé
« par un propriétaire de la construction d'une cité
« ouvrière, composée d'un certain nombre de mai-
« sons d'un modèle identique ou presque identique,
« n'a pas droit, pour chacune de ces maisons, au sa-
« laire accordé par l'usage pour les plans et devis
« d'une maison unique. »

Voici dans quelles circonstances de fait cette décision est intervenue :

Le tribunal civil de la Seine s'était prononcé en
sens contraire par jugement du 25 fév. 1858, ainsi
motivé : — « En ce qui touche la demande de Pigeory : — Attendu qu'il est constant que, sur la demande des époux Cazeaux, Pigeory a adressé et fait
agréer par le ministre d'État les plans et devis sur lesquels les dits époux Cazeaux ont fait édifier, boule-
vard d'Enfer, une cité ouvrière, formée de vingt

6

maisons réunies en un seul corps de bâtiment, et sur
lesquelles une subvention d'un tiers de la dépense a été
allouée par le gouvernement ; qu'il est dû par Cazeaux,
suivant les règlements et l'usage consacré en cette
matière, des honoraires de 1 1/2 p. 100 sur le montant des travaux, tant pour les dits plans et devis que
pour les études préparatoires qui ont dû les précéder ;
qu'il n'y a pas lieu d'examiner si le chiffre de la dépense déterminé par le devis est descendu à un chiffre
inférieur par suite de l'exécution et de réduire pro-
portionnellement les honoraires dont il s'agit, alors
que l'architecte, auteur du projet, n'a pas été chargé,
comme dans l'espèce, de la conduite des travaux et
de leurs vérification et règlement ; qu'on ne saurait admettre non plus, comme le prétendent les époux
Cazeaux, que ces honoraires doivent subir une réduction proportionnelle, à raison que cette cité ouvrière
se composerait de dix-sept maisons réunies, parfaitement identiques dans leurs distributions et proportions,
et de trois maisons d'angle qui n'en différeraient que
quelque peu, pas plus qu'on ne saurait prétendre
qu'ils doivent en subir une par la raison que tous les
étages seraient la répétition les uns des autres ; que
toutes ces parties ont nécessairement demandé une
étude et un travail d'ensemble pour en former un

seul tout, l'approprier au terrain et arriver au but que
se proposait le propriétaire; que le système des époux
Cazeaux serait la négation de toute règle en la matière,
et la source dans la pratique, de difficultés et de contestations incessantes; — Attendu qu'il résulte du
devis et des autres documents fournis dans la cause
que le chiffre de la dépense s'élevait, pour les dix-
sept maisons autres que celles des angles, à 449,099 fr.
20 cent., à raison, pour chacune, de 26,417 fr. 60 c.,
et pour les trois autres, demandant une dépense de
moitié en sus, 118,879 fr. 20 cent., à raison de
39,626 fr. 40 cent. chaque; qu'ainsi les honoraires
à 1 1/2 p. 100, pour la partie comprenant les dix-
sept maisons, donnent un chiffre de 6,736 fr. 47 c.;
mais attendu, en ce qui concerne les trois maisons
des angles, que des pièces produites il ressort que le
travail de Pigeory n'embrassait point les modifications
qu'exigeait la configuration différente et plus étendue
de la surface qu'elles devaient occuper et qu'il était en
ce point incomplet et insuffisant; — Qu'ainsi il y a
lieu à cet égard de réduire les honoraires au droit de
1/2 p. 100, donnant la somme de 594 fr. 39 cent.,
et avec les honoraires sur les dix-sept maisons, celle
totale de 7,330 fr. 86 cent.; — Attendu que Pigeory
justifie, en outre, avoir fait des avances et déboursés

s'élevant à 400 fr., dont il doit être couvert par les époux Cazeaux ; qu'il n'établit pas qu'au delà il puisse lui être dû par eux... »

Appel par M. Cazeaux. Sur cet appel la *Cour de Paris* a rendu l'arrêt suivant :

« LA COUR ; — Considérant que les tribunaux doivent, en cas de désaccord entre les intéressés, fixer les honoraires des architectes comme ceux de tous mandataires, eu égard aux travaux opérés par les mandataires et aux services rendus aux mandants ; qu'il ne serait pas juste d'allouer pour des plans et projets demandés par un propriétaire pour la construction d'un assez grand nombre de maisons d'un modèle identique, ou presque identique, un salaire égal à celui accordé par l'usage pour les plans et devis d'une maison unique ; l'architecte, en cas d'identité de plusieurs plans et devis, ayant seulement à faire copier un premier devis fait par lui, ou sous sa direction, et non à répéter pour chaque maison le travail et les calculs sérieux exigés par son premier plan et son premier devis ; — Que, dans l'espèce, eu égard aux circonstances particulières de la cause, il y a lieu de diminuer les honoraires accordés par les premiers juges à Pigeory ; — Met les appellations au néant et ce dont est appel ; — En ce qui touche le règlement des hono-

raires accordés à Pigeory, émendant quant à ce,
réduit à **2,000** fr. les honoraires à payer par les
époux Cazeaux à Pigeory, etc. »

50. Il résulte de cet arrêt, remarquez-le bien, que
l'architecte n'a pas droit de faire payer pour chaque
maison les honoraires relatifs à l'établissement des
plans et devis. D'où il faut en conclure, d'après les
termes mêmes de cet arrêt, qu'il faut interpréter rigou-
reusement comme toutes les décisions de justice du
reste : 1° Que la restriction visée par l'arrêt ne porte
que sur le dressé des plans et devis, ce qui est fort
juste, parce qu'il n'est dressé qu'un plan type et
qu'un devis ; 2° Qu'il n'en saurait être de même
pour la conduite des travaux, puisque chaque maison, bien que semblable au type arrêté, ne nécessite pas moins une surveillance spéciale, et engendre
pour l'architecte une responsabilité s'étendant à l'ensemble des constructions. D'où la conclusion que l'é-
molument proportionnel de un et demi pour cent
pour conduite des travaux doit être accordé sur l'ensemble des constructions. 3° Qu'en ce qui concerne
la vérification des comptes et le règlement des dépenses, il ne saurait être déduit qu'un *quantum*
de un pour cent sur l'émolument proportionnel de

deux pour cent, alloué par l'usage pour cette troisième partie de la mission de l'architecte. Pour les
considérations justifiant ce partage d'émolument, reportez-vous au § 9 du chapitre 3.

51. Quant au plan général qui serait dressé pour
opérer le lotissement, il y aurait lieu de le faire payer à
part selon l'importance du travail fait pour l'établir.

52. Si au lieu d'un travail courant, comme une
cité ouvrière, il s'agissait : 1° de bâtiments de rapport ayant des distributions similaires, les mêmes
principes s'appliqueraient pour le dressé des plans et
devis et du plan général. Mais alors le droit de véri-
rification et règlement des comptes serait porté à deux
pour cent, parce que, bien que s'agissant de bâtiments
semblables, il pourrait y avoir de notables différences
dans l'équarrissage des pierres, dans le poids des mé-
taux, etc., etc.; et aussi parce que la réception des
travaux exigerait dans ce cas une attention et une
vérification complète pour chaque bâtiment; S'il
s'agissait : 2° de maisons n'ayant de semblables que le
périmètre et l'aspect extérieur, mais avec des divisions
dissemblables, la similitude relevée ci-dessus n'existant plus, le taux complet des honoraires serait dû

dans ce cas à raison de cinq pour cent sur le montant
général des travaux.

ℨ 3.

Travaux urgents exigeant une célérité exceptionnelle. — Est-il dû
des honoraires spéciaux.

53. En matière de travaux neufs, nous n'estimons
pas qu'une considération quelconque puisse justifier
l'allocation d'un supplément d'honoraires, les plans,
les détails, les profils, étant les mêmes pour des travaux
poussés avec célérité que pour ceux menés avec lenteur.
Sans doute, les travaux menés rapidement exigent
une ardeur exceptionnelle, une volonté ferme, une
surveillance active ; mais en revanche les courses,
les démarches, les vacations sur place sont moins
nombreuses, puisqu'elles doivent se prolonger pendant
moins longtemps que si l'on procédait avec lenteur
ou vitesse ordinaire.

Mais, objectera-t-on, ces travaux demandent plus
de surveillance parce que le travail étant mené rapidement des malfaçons ou vices de construction peuvent
se glisser plus aisément dans l'exécution et ainsi
accroître les risques de responsabilité encourus par

l'architecte? Sans doute la surveillance est plus difficile. Mais aussi n'oublions pas que le fait même
d'une célérité exceptionnelle exigée par le propriétaire diminue le risque de responsabilité édicté par
la loi vis-à-vis de l'architecte. En effet, un arrêt rendu
par la *Cour d'appel de Paris* le 28 décembre 1871
a jugé : « Que l'étendue de la responsabilité devait
« être déterminée à raison de la faute commise par
« le propriétaire qui avait demandé que la construction
« fût faite dans des conditions de précipitation excep-
« tionnelle. Dans cet arrêt où l'architecte est con-
« damné à payer 100,000 fr. de dommages-intérêts,
« nous trouvons le considérant ci-après :

« Attendu qu'il résulte des documents du procès que la
« construction de l'immeuble dont il s'agit a été faite à la
« demande de Mirès, propriétaire, dans des conditions de
« précipitation exceptionnelle ; que les enduits de plâtre,
« de peinture et de vernis placés dans ces conditions sur
« des bois de mauvaise qualité ont dû exercer sur leur
« conservation une influence fâcheuse, et que si l'archi-
« tecte a eu tort de céder à des exigences qui engageaient
« sa responsabilité, la Cour trouve dans ce fait, qui constitue
« une faute commune, un motif suffisant pour modérer le
« chiffre de la condamnation et la réduire de 200,000 francs
« à la somme de 100,000 francs. » (1).

(1) Pour plus amples développements sur ce point spécial, reportez-
vous au chapitre V de notre livre sur la *Responsabilité des architectes.*

D'où il suit que s'il y a plus de surveillance à exercer pour les travaux menés avec grande célérité que pour ceux menés dans des conditions de célérité ordinaire, en fait, il y a certains avantages pour l'architecte. D'où compensation, et par suite pas d'autres honoraires à allouer que ceux habituellement accordés pour travaux ordinaires.

§ 4.

Travaux de reprise en sous-œuvre. — Honoraires dus.

54. Ces sortes de travaux exigeant un soin tout particulier, des précautions exceptionnelles, des étaiements nombreux, par suite les risques de responsabilité encourus par l'architecte étant par cela même augmentés d'une façon considérable, il va de soi que le taux habituel des honoraires ne peut être appliqué pour ces sortes de travaux exigeant un soin tout particulier.

Nous pensons que l'architecte doit, à défaut de convention, considérer ces travaux comme étant faits par petites parties, c'est-à-dire comme des travaux n'excédant pas 5,000 francs. Ce serait par conséquent le cas où jamais d'appliquer le *quantum* indiqué au § 6 du chapitre Ier.

A défaut de fixation des honoraires selon ce qui vient d'être indiqué, l'architecte aurait incontestablement le droit de réclamer les vacations réellement faites, selon le taux fixé au § 11 du chapitre 1er.

§ 5.

Restauration de vieux monuments publics ou particuliers. — Honoraires dus. — A qui incombe les frais de levé de plans et façades des constructions anciennes, les frais de nivellement, etc.?

55. Ces travaux sortent complètemeut de l'ordinaire, cela n'est pas douteux. Par conséquent, les honoraires de 5 p. 100 fixés pour travaux ordinaires ne sont pas applicables à cette espèce particulière de travaux.

C'est le cas où jamais d'appliquer la théorie développée dans le § 8 du chapitre 1er pour les travaux d'art.

56. Pour les levés de plans, de façades et de détails de constructions anciennes, il est hors de doute que ce surcroît de travail est tout à fait indépendant

de l'exécution même des travaux de restauration. Reportez–vous au § 11 du chapitre 1ᵉʳ.

De tels travaux exigeant des études spéciales, une
expérience profonde, des détails d'exécution à l'infini,
un soin tout particulier dans la surveillance de leur
exécution, ne sont jamais trop payés à l'architecte qui
consent à s'en charger, tellement les sacrifices de
temps et d'argent sont considérables.

Pour les déplacements, reportez–vous au § 11 du
chapitre 1ᵉʳ.

§ 6.

Exhaussement d'un vieux bâtiment. — Outre le chiffre des honoraires à 5 0/0 sur les travaux exécutés, le propriétaire ne doit-il
rien autre chose à son architecte?

57. Un arrêt de la *Cour de Paris* du 21 juillet 1875
a jugé : « qu'en matière d'exhaussement, l'architecte *seul*
« était responsable du fait de savoir si les constructions
« anciennes étaient ou n'étaient pas suffisamment soli-
« des pour supporter l'exhaussement ». Par conséquent,
il est du devoir de l'architecte de relever le plan et les
dispositions des constructions qu'il s'agit d'exhausser,
comme aussi de sonder les murs, d'examiner l'état des

fondations, des points d'appui, et de calculer le poids
à faire supporter par l'exhaussement.

Ces recherches, ces études, ces observations nécessitant un soin minutieux pour échapper à la responsabilité encourue, il va de soi que ce surcroît de travail
et de responsabilité doit être payé par le propriétaire,
en dehors des honoraires applicables aux travaux. Il
est d'usage d'allouer 2 pour 100 d'honoraires sur la
valeur *des constructions anciennes à surélever*.

Voici les considérants de l'arrêt du 21 juillet 1875,
qui obligent l'architecte à s'assurer de la solidité des
constructions à surélever et à en assumer seul la responsabilité :

Considérant que Déodor et Jousse travaillaient sous les
ordres et sons la direction de Millet, architecte du propriétaire ; que c'était ce dernier qui devait s'assurer si les
murs qu'il s'agissait de surélever étaient en bon état et
avaient une fondation suffisante pour supporter les constructions nouvelles

Considérant que la responsabilité des entrepreneurs ne
pouvait exister que si, par suite des lézardes et des matériaux de mauvaise qualité, ces murs avaient laissé supposer
qu'ils étaient suffisamment solides ; qu'il y aurait eu dans
ce cas une faute lourde, qui, sans faire disparaître la responsabilité de l'architecte, aurait néanmoins, au regard du
propriétaire, engagé également la responsabilité des entrepreneurs.

Mais considérant qu'il résulte des constatations et des do-

cuments produits que ces murs étaient construits en bons
matériaux ; qu'ils ne présentaient ni lézardes, ni défectuo-
sités, et que Déodor et Jousse recevant l'ordre de les surélever n'ont pu supposer que l'architecte ne s'était pas assuré
que les fondations étaient insuffisantes ; qu'il faut donc reconnaître que de leur part il n'y a eu aucune faute.

Considérant que les entrepreneurs *ne peuvent être responsables du fait d'un tiers ;* qu'à raison du préjudice qui
peut être la conséquence de l'affaissement des murs, l'action
intentée contre eux par le propriétaire *n'est aucunement
fondée ,* etc., etc.

§ 7.

Travaux faits pour un locataire. — Les honoraires sont-ils les
mêmes que pour travaux faits pour le compte d'un propriétaire.
— L'architecte du propriétaire qui suit le travail a-t-il droit à des
honoraires, et dans quelle proportion ?

58. Que les travaux soient exécutés pour le
compte de locataires ou pour le compte de propriétaires, il n'y a aucune distinction à établir quant au
chiffre des honoraires dus à l'architecte. Cependant,
si les travaux ne peuvent être exécutés qu'après de
longs pourparlers avec l'architecte du propriétaire, il
y a certainement lieu d'allouer en plus le nombre
de vacations qui ont pu réellement être faites. Dans
ce cas, il convient d'appliquer la tarification indiquée
au § 11 du chapitre Ier.

59. A l'égard de l'architecte du propriétaire, dont la mission consiste non à faire exécuter les travaux, mais uniquement à sauvegarder les intérêts de son client, à faire respecter les conventions intervenues entre ce dernier et le locataire, comme aussi à empêcher toute atteinte à la solidité de l'immeuble, nous estimons que la peine qu'il prend et que la surveillance toute spéciale qu'il apporte pour accomplir sa tâche délicate ne sauraient être trop rétribués. Il est d'usage d'allouer, dans ce cas, une indemnité basée tout à la fois sur l'importance des travaux exécutés et sur le nombre des vacations faites. La tarification serait celle indiquée au § 6 du chapitre Ier et au § 11 du même chapitre.

§ 8.

Type de façade. — Si le contrat de vente oblige l'acquéreur à faire la façade sur rue suivant un type désigné par le vendeur, le propriétaire est-il en droit de diminuer les honoraires habituels de 5 0/0, sous le prétexte que l'architecte n'a pas eu à composer les détails de la façade ?

60. Incontestablement non, et cela par une raison bien simple : c'est que le type de façade imposé nécessite à l'architecte plus de travail matériel que n'en comporterait une façade de son choix. En effet, la composition et le rendu d'une façade exigeraient une dépense de talent et de savoir, fort agréable à faire et fort peu onéreuse, tandis qu'étant obligé de reproduire une façade type, l'architecte est forcé de relever sur place la façade indiquée comme ensemble, profils, etc., etc.

Cette injonction de reproduire une façade type est de plus une cause d'ennui pour tracer les plans de distributions et faire concorder les lignes architecturales du dehors avec les exigences intérieures de la maison.

Il y a là très-certainement plutôt un surcroît qu'une économie de travail. Par conséquent, et comme aux termes de l'arrêt de la Cour de cassation du 27 mars 1875 les honoraires doivent être fixés en raison du service rendu, il est hors de doute que, dans ce cas, les honoraires ne sauraient être diminués en quoi que ce soit, pour raison de la non composition d'une façade.

§ 9.

Régime dotal. — Emploi de fonds dotaux. — Outre les honoraires
à 5 p. 0/0 pour plans, direction et vérification des travaux, l'architecte a-t-il droit à un supplément d'honoraires, comme exécutant une volonté contractuelle ou une décision de justice?

61. Outre les honoraires habituels de 5 pour 100,
l'architecte chargé de vérifier le bon emploi de fonds
dotaux a droit à un supplément d'honoraires :

1° Pour les états de situation qu'il est obligé de
dresser pendant le cours du travail pour servir de base
à la délivrance des à-compte aux entrepreneurs.
(Voyez § 11, chapitre Ier.)

2° Pour les déplacements, courses, démarches,
dressé du rapport qu'il est obligé de faire, l'architecte a droit à l'allocation de vacations spéciales,
selon le nombre réel de celles faites pour l'accom
plissement de cette deuxième partie de son mandat.
Ces vacations doivent être réglées selon ce qui est dit
au § 9 du chapitre Ier.

§ .10.

Arrangement amiable entre le propriétaire et son entrepreneur. —
  Acceptation par celui-ci d'une somme moindre que celle résultant du réglement des travaux? — *Quid*, si l'arrangement intervient avant la remise des mémoires. — Dans ce cas, le propriétaire est-il en droit de diminuer les honoraires de l'architecte à
  raison de la non-vérification faite ?

62. Lorsque l'architecte, dit l'arrêt de la Cour de
cassation du 29 mars 1875, a fixé par son règlement
la valeur réelle des travaux exécutés *avant déduction
du rabais* (voyez § 3 du chapitre Ier) : les honoraires
qui lui sont dus par le propriétaire doivent être calculés sur le montant des sommes représentant *cette
valeur réelle*, et non pas sur le total des payements
faits à l'entrepreneur.

Trop souvent l'entrepreneur, pour une raison ou
pour une autre, mais, en tous cas, pour une raison
toute particulière, peut accepter une remise, un es-
compte de quelques francs pour cent francs. Par
exemple : 1° un propriétaire doit acquitter le solde des
travaux dans un temps déterminé, l'entrepreneur
qui peut être pressé d'opérer le recouvrement des
sommes dues, préfère subir un excédant de rabais et

7

être payé par anticipation ; 2° un propriétaire grin-
cheux menace de faire un procès à son entrepreneur :
celui-ci, qui peut être d'un caractère timoré, préfère
subir l'exigence du propriétaire, recevoir son solde
et s'éviter tout ennui ; 3° un propriétaire déclare à
son entrepreneur que s'il ne veut pas consentir à
une réduction arbitraire sa clientèle lui échap-
pera, etc., etc. Il est absolument certain que, si dans
ces divers cas ou dans des cas analogues, l'entrepreneur est assez naïf pour accepter la réduction pro-
posée, cette réduction ne peut en rien influer vis-à-vis
du règlement des honoraires de l'architecte.

Poser la question dans ces termes, c'est y répondre.
Il n'est pas douteux que le propriétaire qui voudrait
de ce chef réduire la note d'honoraires de son architecte, en prétextant que le montant des travaux ne
peut équivaloir qu'au total des sommes payées aux
entrepreneurs, commettrait là un véritable acte d'injustice qui serait apprécié très-sévèrement par les tribunaux, si la question ainsi posée devait donner lieu
à un débat judiciaire.

63. Si l'arrangement amiable a lieu entre le propriétaire et l'entrepreneur avant que les travaux ne
soient réglés, l'architecte a incontestablement le droit

de procéder *d'office* à la vérification des travaux, et
cela pour la raison suivante : L'architecte, en véri-
fiant les mémoires, n'a pas seulement pour but de
vérifier les mesures d'ouvrages formant le métré
de l'entrepreneur, mais c'est encore pour lui, et ce
doit être avant tout l'occasion toute naturelle qui lui
est offerte et qu'il s'est réservée : 1° d'examiner
la nature des matériaux employés en les comparant
avec ceux demandés au mémoire ; 2° de vérifier l'emploi qui a été fait de ces matériaux par rapport à leur
mise en œuvre ; 3° de constater les malfaçons et vices
de construction, s'il en existe ; 4° de relever les tassements produits ; 5° et enfin de déterminer la *valeur*
réelle des travaux, au double point de vue des matériaux fournis et de leur mise en œuvre, qui seule
doit servir de base pour la fixation des honoraires à
lui dus. D'où il suit, que s'il y a arrangement amiable entre le propriétaire et l'entrepreneur pour fixer
les sommes dues à celui-ci, il est hors de doute : premièrement, que l'architecte doit quand même procéder à la vérification des travaux pour en opérer la
réception, en fixer la valeur ; deuxièmement, que les
honoraires dus à l'architecte doivent être calculés sur
le montant dudit règlement, avant tout rabais de
quelque nature qu'il soit.

64. Il peut arriver aussi que l'arrangement amiable, ainsi intervenu, ne soit précédé d'aucune remise de mémoire, d'aucun métré, et que par ce fait
l'architecte n'ait pas à vérifier de mémoire, puisque
l'entrepreneur n'en a pas remis. Dans ce cas particulier, que doit faire l'architecte? La raison indiquant
et la loi enseignant que l'architecte est responsable
des travaux exécutés aussi bien à forfait (et c'est le
cas ici, puisqu'il y a arrangement amiable et non vérification de mémoires) que pour ceux traités sur séries de prix, il découle de ce principe absolu de droit
deux choses : 1° que, dans ce cas, l'architecte a le
devoir d'examiner les travaux avec autant de soin que
s'il en vérifiait les quantités et la valeur ; 2° que ce
travail, pour être sérieux, et il doit l'être, le conduit
inévitablement à dresser le devis estimatif des travaux exécutés et à en fixer la valeur. D'où la conclusion que le fait par le propriétaire de s'arranger à
l'amiable avec l'entrepreneur ne peut en aucune façon porter atteinte au droit incontestable qu'a l'architecte de vérifier et d'estimer les travaux exécutés.
D'ailleurs, la vérification des mémoires en tant
qu'opérations de vérification, ne consiste pas seulement à vérifier en fin de travail des cotes de longueur, de largeur et d'épaisseur, d'en faire les cal-

culs, de les résumer, d'appliquer les prix : mais bien
à contrôler le soin apporté au cours du travail et à
relever conjointement avec l'entrepreneur ou ses
agents, sous forme d'attachements écrits ou figurés,
ces milliers de détails qui disparaissent sous les
enduits, la menuiserie, la peinture ou les tentures.
— Le relevé de ces attachements figurant chaque
assise de pierre, constatant le poids des fers et fontes,
l'épaisseur des bois, etc., etc., constitue un des éléments les plus importants du travail de vérification
des mémoires. Tout architecte soucieux de ses devoirs
professionnels ne doit pas négliger ces relevés fort
importants ; et qu'il y ait, dans la suite, arrangement
ou non-arrangement amiable entre le propriétaire et
l'entrepreneur, il est hors de doute que l'architecte
n'a pu négliger ces constats, au double point de vue
de la responsabilité qu'il encoure et de la garantie
du propriétaire dont il doit être le gardien vigilant.
Toutes ces considérations d'ordre supérieur s'imposant
à l'architecte comme l'accomplissement d'un devoir,
d'une obligation, sont de nature à fortifier l'opinion
que nous émettons dans le présent paragraphe. Il ne
peut y avoir le moindre doute à cet égard, nous ne
saurions trop le répéter.

§ 11.

Quid, si le propriétaire fait exécuter par lui même les travaux de
certains corps d'état ?

65. Si le propriétaire se charge de l'exécution
complète d'un ou de plusieurs corps d'état, s'il règle lui-même les mémoires des ouvriers sans le se-
cours de son architecte, situation qu'un architecte
soucieux de sa dignité professionnelle ne saurait accepter, mais qui est possible cependant, les honoraires de l'architecte doivent être ainsi réglés :

1° Pour dressé de plans et devis, 1 1/2 pour 100
sur l'ensemble des travaux ;

2° Pour conduite des travaux, 1 1/2 pour 100 sur
l'ensemble des travaux, y compris ceux dirigés par le
propriétaire, parce que les travaux qu'ils dirigent sont
forcément indiqués sur les plans, et donnent lieu à un
excédant de travail à l'architecte pour les faire coor-
donner avec ceux dont il a la conduite ;

3° Pour vérification et règlement de mémoires,
2 pour 100 sur l'ensemble des travaux, autres que
ceux conduits par le propriétaire et réglés par lui sans
le concours de son architecte.

Le tout bien entendu, à moins de convention contraire. Mais, nous le répétons, un architecte qui se
respecte doit considérer son mandat comme terminé
et le signifier au propriétaire le jour où celui-ci em-
piète dans son domaine d'architecte et veut s'offrir la
fantaisie de diriger par lui-même une partie du travail. Un architecte qui accepterait une pareille situation consentirait à être mis à l'écart pour l'exécution
d'une partie de son œuvre, et serait condamné le plus
souvent à assister passivemeut à l'exécution d'œuvres
grotesques, barbares, ridicules par conséquent. C'est
là une situation impossible à concilier avec la nature
éminemment délicate et artistique de l'homme qui a
passé de longues années à la culture du beau, dans
nos grandes écoles françaises. Certains propriétaires
s'imaginent qu'il est aussi facile de faire de l'architecture que d'exercer toute autre profession. Mais
c'est là une erreur profonde, que le temps se charge
de leur démontrer d'une façon péremptoire, soit en
recevant la visite d'hommes compétents, soit simplement en comparant ce qu'ils appellent leurs œuvres à
ce qu'ils voient chez leurs amis ayant eu le tact et le
bon goût de respecter et de laisser exercer le talent,
le savoir et l'expérience de leur architecte.

§ 12.

Matériaux fournis par le propriétaire. — Emploi de vieux matériaux. — Travaux à façon. — Sur quelles bases faut-il calculer
les honoraires dus à l'architecte?

66. L'arrêt de la Cour de cassation du 29 mars
1875 pose en principe « que les honoraires de l'archi-
« tecte doivent être évalués selon les *services ren-*
« *dus.* »

Que les matériaux proviennent de démolitions,
qu'ils soient fournis par le propriétaire, ou que ces
matériaux soient neufs, le travail de l'architecte est le
même pour ce qui est du dressé des plans, coupes,
façades, profils et détails d'exécution.

Par conséquent la diminution dans les sommes
dépensées n'étant pas une atténuation du travail de
l'architecte, il nous semble que ses honoraires doivent
être fixés en prenant pour base la somme qui aurait
été dépensée si des matériaux neufs avaient été employés; et cela, avec d'autant plus de raison que,
loin d'alléger sa besogne, le fait de construire avec
des matériaux vieux oblige l'architecte à exercer une
surveillance plus active, à prescrire certaines mesures

exceptionnelles de précaution pour employer utilement
les vieux matériaux mis en œuvre.

Par *services rendus*, la Cour de cassation a entendu
qu'il serait tenu compte de tout surcroît de travail,
s'il s'en présentait, et c'est le cas dans l'espèce. D'où
il faut en conclure, que le fait d'employer de vieux
matériaux ne saurait donner lieu à diminution d'honoraires, puisqu'il y a accroissement de besogne pour
l'architecte.

Par conséquent, au montant des mémoires réglés,
il faudra ajouter la valeur en différence des matériaux
neufs aux matériaux vieux pour déterminer le montant des travaux devant servir de base au calcul des
honoraires.

S'il en était autrement, les architectes ne rece-
vraient qu'une partie des honoraires auxquels ils ont
droit, puisque leur composition de plans, leurs dessins, leurs profils sont les mêmes, aussi bien pour
des travaux exécutés avec des matériaux neufs que
pour ceux faits avec de vieux matériaux.

67. A l'égard des travaux exécutés *à façon* par
l'entrepreneur, les honoraires de l'architecte doivent
être calculés sur le montant des travaux à toutes fournitures. Les principes sont les mêmes que ceux ex-

posés précédemment pour l'emploi de vieux matériaux. C'est là un principe admis par le tribunal civil
de la Seine en matière d'expertise, et qui doit recevoir
son application pour les travaux faits sans le concours d'un expert. Il est d'ailleurs fort élémentaire
qu'une construction à façon coûtant par exemple
50,000 francs, qui coûterait 200,000 francs si les
matériaux étaient fournis, nécessite pour l'architecte
dans les deux cas le même travail, le même savoir, la
même expérience, les mêmes vacations sur place, le
dressé des mêmes profils, l'assujettissement à la
même responsabilité. Dire que dans le premier cas
l'architecte toucherait 2,500 francs d'honoraires, et
dans le second cas 10,000 francs, serait le comble de
l'absurdité, parce que dans un cas comme dans l'autre, les *services rendus* sont les mêmes. La Cour de
cassation n'a pas hésité à rejeter une pareille injustice, et en cela, elle a été fort sage, ce qui d'ailleurs
est dans les habitudes de la cour souveraine.

§ 13.

Reprise en compte de vieux matériaux par l'entrepreneur. — Travaux à forfait ou sur série de prix. — Comment se calcule dans ce cas, les honoraires dus à l'architecte ?

68. Lorsque dans un travail, l'entrepreneur reprend en compte des matériaux, il est d'usage de déduire la valeur de ces matériaux après que le total des travaux a été fixé par la vérification du mémoire. Pour toutes les raisons que nous avons énumérées au paragraphe précédent relatif à l'emploi de vieux matériaux, il n'y a pas lieu de tenir compte de cette diminution, pour le calcul des honoraires. — Dans ce cas, la valeur de cette reprise en compte doit être considérée plutôt comme un à-compte versé en nature à l'entrepreneur, que comme une diminution de la valeur des travaux. Nous n'insistons pas davantage sur ce point, tellement la question nous semble peu sujette à discussion. En effet, supposons que le propriétaire livre à l'entrepreneur pour 50,000 francs de matériaux ; est-ce que le travail de l'architecte et les services rendus par lui, sont diminués, même en une faible partie ? Nullement, par conséquent, si le

travail n'est pas diminué et si le service rendu est le même, pourquoi la rémunération serait-elle amoindrie! Poser la question, c'est y répondre.

§ 14.

Un propriétaire vend les terres provenant des déblais ou les donne pour rien à charge de les enlever. — Par suite, les prix de fouille ne comprennent pas la valeur de l'enlèvement de ces terres. — L'architecte a-t-il droit à des honoraires sur la somme représentant la valeur de ces enlèvements de terre ?

69. L'architecte a incontestablement le droit de calculer ses honoraires, sur le montant des travaux exécutés. Si pour une cause ou pour une autre, l'enlèvement des terres est fait gratis par une tierce personne ou par l'entrepreneur, l'architecte a le droit de calculer ce qu'aurait coûté cet enlèvement de terre. C'est là un des éléments devant déterminer la valeur réelle des travaux, valeur réelle qui doit servir de base pour la fixation des honoraires. Reportez-vous d'ailleurs à ce qui est dit au paragraphe précédent.

§ 15.

Un propriétaire fait exécuter lui-même les déblais des sous-sols de son bâtiment, ne laissant à son architecte que les fouilles en rigoles à diriger. — Dans ce cas particulier l'architecte ne doit-il calculer ses honoraires que sur le travail qu'il dirige?

70. L'architecte étant responsable des fautes commises par lui, pour erreurs dans les nivellements ou pour le fait d'asseoir des constructions sur un mauvais sol, il va de soi par contre que les honoraires qui lui sont dus doivent être calculés sur le montant général des travaux : par conséquent, sur les travaux de terrassements que le propriétaire aurait fait exécuter lui-même.

La raison de cette doctrine s'explique parfaitement par ce simple fait, que si le propriétaire n'avait pas fait exécuter la fouille selon le plan de l'architecte, il se serait exposé à en faire trop ou pas assez, soit en faisant descendre le fond de fouille trop haut ou trop bas, soit en ne ménageant pas les terre-pleins indiqués au plan des fondations. D'où il suit que se servant pour ces fouilles du plan dressé par son architecte, celui-ci a droit à la rémunération complète des travaux qui sont exécutés sur ses indications, sur ses

plans (c'est la même chose) aussi bien que sur les travaux qu'il fait exécuter lui-même.

En matière de constructions, il est de principe,
avant tout, que le propriétaire soit un mineur (point
n'est besoin de le lui dire lorsqu'il a le dessein d'engager une action en responsabilité). D'où il suit
que son ingérence dans le cours des travaux doit être
considérée comme nulle, et ne peut donner lieu par
suite, sous aucun prétexte, à une diminution d'honoraires, pour raison de travaux dirigés par lui en fait,
mais en droit sous le contrôle de son architecte, seul
responsable aux yeux de la loi.

Pour les vices du sol, reportez-vous aux pages 115,
121 et 125 de notre livre sur la Responsabilité des
architectes et entrepreneurs.

§ 16.

L'architecte a-t-il droit à des honoraires pour la construction d'un
branchement d'égoût, exécuté par un entrepreneur de la ville,
sur indications fournies par le service de la Voirie?

71. Les dépenses occasionnées pour la construction d'un branchement d'égout doivent nécessairement
entrer en ligne de compte dans le total des travaux

servant de base pour fixer les honoraires de l'architecte : ce travail étant un accessoire dépendant de
l'œuvre principale, lequel a dû être prévu et combiné
avec les autres parties de la construction. Il doit d'autant mieux en être ainsi si, comme cela se pratique
ordinairement à Paris, l'architecte a ménagé la ventilation de l'égout, soit dans l'épaisseur d'un mur,
soit dans le tuyau géminé formant descente des
eaux.

§ 17.

Démolition d'anciennes constructions. — Honoraires
dus à l'architecte.

72. Ces sortes de travaux engendrant une
grande sujétion, beaucoup de soins, de précautions
pour ne pas porter atteinte aux propriétés voisines,
doivent se traduire par l'allocation de vacations et de
frais de déplacements, comme s'il s'agissait d'une
expertise.

Se reporter au paragraphe 11 du chapitre 1er.

Ajoutons cependant, que dans certains cas, il est
d'usage d'allouer aux architectes, 10 pour 100 du
prix de vente de la démolition ou de la valeur pro-

duite par la revente des matériaux. Cette tarification a été adoptée maintes fois par le Tribunal Civil de la Seine.

§ 18.

Lorsque le propriétaire achète lui-même les cheminées en marbre de son bâtiment, avec ou sous le concours de l'architecte, celui-ci a-t-il droit de se faire payer ses honoraires sur le montant de cette acquisition ? — *Quid*, pour les glaces, grilles en fer, clôtures et autres accessoires de la construction, étant considérés comme immeubles par destination ?

73. Incontestablement oui, et cela encore bien que l'architecte n'assiste pas son client pour le choix et l'achat de ses cheminées, et cela : 1° parce que l'architecte a ménagé dans ses plans l'emplacement des cheminées; 2° parce qu'il a construit les tuyaux de fumée; 3° enfin parce que l'architecte est responsable du bon fonctionnement de l'appareil. D'ailleurs, le fait d'acheter les cheminées ne suffit pas; il faut les faire poser, les rétrécir, s'assurer du bon fonctionnement des ventouses, isoler les parties inflammables de la construction, arranger le tout en un mot pour obtenir un fonctionnement parfait. (Arrêt *Cour de Paris, 22 janvier* 1875).

74. Ce qui vient d'être dit pour les cheminées, est également applicable aux glaces et à tous les accessoires qui sont immeubles par destination, notamment les grilles en fer, les clôtures, etc., etc.

§ 19.

Vieilles menuiseries fournies par le propriétaire. — Honoraires dus à l'architecte.

75. Les principes sont les mêmes que ceux énoncés au paragraphe 12 du présent chapitre, relatifs à l'emploi de vieux matériaux; avec d'autant mieux de raison ici que l'emploi de vieilles menuiseries nécessite toujours des raccords nombreux, pour les mettre en harmonie avec le surplus de la construction.

Par conséquent, pour calculer les honoraires il faut faire l'estimation de ces vieilles menuiseries, aux prix de menuiseries neuves; et ajouter cette estimation au total du règlement des mémoires.

La responsabilité de l'architecte, au point de vue pécunier, doit-
elle être limitée à la somme des honoraires par lui touchés ?

76. Jamais il n'est venu à l'idée d'aucun auteur, ni d'aucun jurisconsulte, de soutenir que l'architecte pût être sinon affranchi de toute responsabilité, tout au moins que l'étendue de cette responsabilité pût avoir pour limites et pour quantum, le chiffre
des honoraires perçus ; parce que tous s'accordent pour
reconnaître que la rémunération de l'architecte n'est
pas seulement dans les honoraires qu'il reçoit, mais
qu'elle est aussi dans ce fait que l'architecte peut aspirer à la célébrité, devenir chef d'une école, membre
de l'Institut, etc., etc. Il n'y a pas un jugement de
première instance, pas un arrêt de Cour d'Appel et
à plus forte raison pas un arrêt de la Cour de Cassation qui ait jamais admis une pareille théorie. Nul
doute donc à cet égard. — Le désaccord n'existe chez
les auteurs et dans la jurisprudence que *sur le
mode* d'application de la responsabilité, *non sur l'é-
tendue.*

Ajoutons que la jurisprudence toute récente de la

Cour de cassation et de la Cour d'appel de Paris sont en accord complet aujourd'hui sur la question faisant l'objet du présent paragraphe. Le lecteur trouvera l'analyse de cette jurisprudence à la page 12 de notre livre spécial sur *la Responsabilité des architectes et entrepreneurs*.

§ 21.

Malfaçons. — Réfections. — Dans quel cas les sommes dépensées pour réfection de malfaçons doivent-elles être déduites du montant des travaux exécutés, lorsqu'il s'agit de calculer les honoraires dus à l'architecte?

77. Si les malfaçons refaites par expert sont le résultat d'une faute imputable à l'entrepreneur, il est absolument certain que les sommes dépensées pour la réfection des travaux ne saurait donner lieu à diminution d'honoraires pour l'architecte. Par fautes imputables à l'entrepreneur, il faut entendre :

1° L'emploi de matériaux défectueux dans des ouvrages non apparents. Nous verrons plus loin que, s'il y avait emploi de matériaux défectueux dans des ouvrages apparents, l'architecte serait coupable de les avoir laissé employer;

2° L'emploi de mauvaise chaux, de ciment de mé-

diocre qualité, une trituration incomplète du sable et
du ciment ou de la chaux pour le mortier, des dosages trop forts en sable, des mortiers lavés, etc., etc.

3° Une mauvaise coupe d'appareil de pierre, des
assises mal fichées ou mal coulées ;

4° Des joints trop grands dans les maçonneries, ce
qui donne lieu à des tassements ;

5° Des murs creux, mal liaisonnés, sans parpaings,
sans enchevêtrement de moellon, des moellons mal
ébousinés, etc., etc. ;

6° Des plâtres noyés, se crevassant par suite de la
réaction trop forte produite par la trop grande quan-
tité d'eau employée dans le gâchage ;

7° Des tuyaux de cheminée mal enduits, jointoyés,
ou faits avec des poteries crevassées, etc., etc.

78. Si au contraire la cause des malfaçons
doit être attribuée à une faute de l'architecte, il est
incontestable que les sommes dépensées pour malfaçons doivent être déduites du montant réel *des tra-*
vaux. Par faute imputable à l'architecte, il faut entendre :

1° Les vices du plan, c'est-à-dire les porte-à-faux
résultant des mauvaises dispositions et de la mauvaise
combinaison des distributions d'étages ;

2° Les épaisseurs de murs indiquées trop faibles, ainsi que la section des piles, des poitrails, des corbeaux, etc.;

3° Les vices du plan, au point de vue des infractions possibles aux règlements de voirie et aux lois du voisinage ;

4° L'emploi de matériaux défectueux dans les ouvrages apparents, un mauvais appareil de pierre, des joints trop grands dans les maçonneries, etc., etc., ce qui fait supposer de la part de l'architecte un défaut de surveillance et de contrôle ;

5° L'emploi de poteries dites ferrugineuses, employées pour des tuyaux de cheminées et prescrites par le marché ou les ordres de service.

En un mot : la part de responsabilité incombant soit à l'architecte, soit à l'entrepreneur, peut seule être prise en considération dans l'espèce particulière qui fait l'objet du présent paragraphe. D'ailleurs, pour plus amples développements sur ce point, reportez-vous à notre livre sur *la Responsabilité des architectes et entrepreneurs*.

§ 22.

Un propriétaire charge un architecte de lui construire un bâtiment,
pour un usage particulier; si ces constructions ne répondent
pas aux besoins exprès et convenus, est-il dû malgré cela à l'architecte des honoraires à 5 p. 0/0.

Ici il faut distinguer : Pour que la responsabilité
dans ce cas frappe l'architecte, il faut que la destination des constructions résulte bien clairement d'un
accord écrit ou tacite, intervenu entre l'architecte et
le propriétaire. Par exemple : 1° si une administration
ville ou commune, charge un architecte de lui construire une école pour cent élèves, et que l'édifice une
fois construit, ne puisse en contenir que quatre-vingts,
il est évident, dans ce cas, que l'architecte sera passible
de dommages-intérêts envers la commune ; 2° un propriétaire charge un architecte de lui construire une
écurie pour cinq chevaux, après la construction faite
on s'aperçoit que cinq chevaux ne seront pas à l'aise
et qu'il sera impossible de se servir de l'écurie pour
l'usage auquel elle était destinée : il est non moins évident qu'il y aura encore là matière à responsabilité
contre l'architecte, s'il y a eu accord préalable des parties sur ce point fixe et déterminé de loger cinq che-

vaux ; 3° un propriétaire veut un hôtel avec de grandes pièces, bien éclairées et bien aérées, il en impose
la condition à son architecte ; après la construction,
si des experts déclarent que les pièces sont loin d'être
grandes ou d'être bien éclairées et bien aérées : il est
indiscutable qu'il y a encore là matière à procès
contre l'architecte ; 4° un propriétaire fait construire
un calorifère devant lui procurer en moyenne 18 degrés plus élevés que l'air extérieur ; au lieu de 18 degrés et tout en brûlant beaucoup de charbon, la différence de température est bien inférieure à ce
chiffre de 18 degrés : il est certain que dans ce cas,
l'architecte est responsable du mauvais fonctionnement
du calorifère, sauf son recours contre l'entrepreneur,
parce que l'ouvrage construit ne répond pas à l'usage
auquel il était destiné ; 5° un propriétaire charge un
architecte de lui disposer en petits logements à bon
marché, les distributions d'une maison à édifier, et
lorsque le bâtiment est terminé, au lieu de ce genre
de logements, l'architecte livre un bâtiment divisé en
appartements et diminue ainsi peut-être les chances
de location et le rapport : il est non moins certain que
dans ce cas, l'architecte peut être déclaré responsable
du préjudice causé au propriétaire en ayant disposé
un bâtiment contrairement à l'accord intervenu entre

eux et peu en rapport avec les besoins du quartier ;
6· Paul propriétaire charge Pierre architecte, de lui
construire une maison avec écurie et remise; il est
entendu entre eux, qu'une cour sera disposée pour
l'entrée et la sortie des voitures ; après le bâtiment fait,
Paul s'aperçoit que la cour est trop exiguë, que l'on
ne peut pas tourner avec une voiture : dans ce cas,
Pierre architecte est responsable du vice de son plan.
Ainsi l'a jugé le tribunal de la Seine le 7 mai 1868
(3° chambre) affaire N... architecte contre époux C...
propriétaire. Dans ce jugement on trouve le considérant ci-après :

« Attendu, dit le Tribunal, que l'agrandissement des
« bâtiments du fond et de l'aile gauche a été ordonné
« par l'architecte, de telle manière que non-seulement il
« y a eu absorption de l'espace repris sur le plan, mais
« encore d'un espace plus considérable, et, par consé-
« quent, rétrécissement de la dimension de la cour, etc.
« Que cette méprise, procédant de la légèreté, etc., etc. »

Dans cette affaire, le tribunal a fixé l'indemnité due
par l'architecte à 4,000 francs.

Nous pourrions multiplier à l'infini les divers cas de
vices du plan qui peuvent donner matière à action
contre l'architecte. Nous estimons que les quelques
cas principaux que nous venons de signaler suffiront

pour donner au lecteur une idée du genre d'imper-
fection que peut contenir un plan.

Si aucun accord positif, écrit ou verbal, énonçant
la destination que doit comporter l'édifice à construire,
n'est intervenu entre l'architecte et le propriétaire : Si
celui-ci, même aveuglément, a signé et approuvé les
plans avant l'exécution, il faut dire avec la jurisprudence du *tribunal de la Seine* (jugement du 7 mai
1868) : « que dans ce cas, le propriétaire n'a aucun
« recours contre son architecte, parce qu'il est admis en
« principe que le propriétaire qui n'entend rien aux
« dispositions d'un plan et qui ne veut pas en assumer la
« responsabilité, doit investir son architecte, de la qua-
« lité d'un mandataire chargé d'exécuter et de satisfaire
« la volonté que lui, propriétaire, ne peut traduire au-
« trement que par paroles. » Le propriétaire peut établir
l'accord intervenu par une correspondance échangée
entre lui et son architecte, de laquelle il résulterait
qu'il n'a signé les plans que pour l'accomplissement
des formalités à observer, mais tout en laissant carte
blanche à son architecte pour exécuter l'ouvrage, selon
l'usage auquel il était destiné dès le principe, et auquel il n'aurait jamais été dérogé.

Nous devons dire que dans un pareil cas, les tribunaux seraient juges appréciateurs du fait, et que la so-

lution serait toute différente, dans un cas où l'ignorance
du propriétaire en matière de dispositions de plan
serait bien établie, et le cas contraire où pour une
cause ou pour une autre il serait démontré que ses
aptitudes lui permettaient de se rendre un compte
exact des dispositions du plan et des détails d'exécution.

§ 23.

Architecte ayant mal réglé un mémoire. — Est-il responsable des
  conséquences possibles résultant d'erreurs commises volontairement ou involontairement?

80. La responsabilité des architectes vient d'être
appliquée, non plus seulement pour des erreurs
ou pour des fautes de construction, mais pour
des erreurs de vérification. Dans son audience du
21 août dernier, la sixième chambre du *Tribunal civil
de la Seine* a décidé : « Que l'architecte devait porter
« la peine du préjudice qu'il avait causé, en réglant au-
« dessous de leur valeur des travaux exécutés sous ses
« ordres. » Voici dans quelles circonstances de fait :
  « M. Lechanteur, propriétaire à Montmartre, avait
chargé son architecte, M. T...., de faire surélever sa

maison de plusieurs étages, et, après exécution des travaux, celui-ci avait procédé à la vérification des mémoires, comme il avait procédé à la vérification des attachements. MM. Rameix et Meunier, entrepreneurs de maçonnerie, réclamaient 19,225 francs; M. T.... réduisit leur mémoire à 16,473 fr. 30, et il conseilla au propriétaire de saisir le Tribunal, si les entrepreneurs n'acceptaient pas, à 5 ou 600 francs près, son règlement. »

« M. Chabrol fut nommé expert, et il reconnut que le sieur T.... n'avait pas vérifié régulièrement les attachements; qu'il avait été ainsi amené à refuser dans son règlement un certain nombre de travaux réellement exécutés; enfin, qu'il avait commis quelques erreurs de vérification et d'application des prix de la série. En conséquence, il fixa à 18,941 francs la somme due aux entrepreneurs, soit à 2,467 fr. 70 de plus que le chiffre du règlement. »

M. Lechanteur ne laissa pas l'affaire aller plus loin, et, renonçant à poursuivre le procès, il paya à MM. Rameix et Meunier la somme fixée par l'expert, ainsi que les frais de l'instance, mais, en revanche, il se considéra comme libéré à l'égard de son architecte.

Ce dernier ne l'entendait pas ainsi, et, quelques

années après, il réclama une somme de 888 fr. 40
pour solde de ses honoraires ; puis, sur le refus par
M. Lechanteur de faire droit à sa demande, il l'assi-
gna devant le Tribunal. — La question à résoudre
était celle de savoir si l'architecte devait être responsable des erreurs commises par lui ; elle a été tranchée affirmativement par le motif suivant du jugement rendu, le 21 août :

« Attendu qu'en définitive et par suite de ces re-
« tranchements non justifiés et de ces erreurs, l'ex-
« pert a fixé à 18,941 francs la somme due aux entre-
« preneur, soit une différence de 2,467 fr. 70 en plus
« sur le réglement du sieur T... »

« Que, dans ces circonstances, et sans qu'il y ait
« lieu de tenir compte de la question du rabais réser-
« vée par l'expert et sur laquelle il n'a pas été statué,
« il résulte pour Lechanteur, *des agissements fautifs*
« *de T...*, *un préjudice* que le Tribunal a les éléments
« suffisants pour fixer à la somme de 500 francs, la-
« quelle, retranchée de 888 fr. 40 réclamés par T...,
« réduit à 388 fr. 40 le solde de ses honoraires. »

« Et le Tribunal a condamné M. Lechanteur à payer
« seulement cette dernière somme, plus les dépens
« de l'instance. »

Le principe de la responsabilité de M. T... a donc

été bien nettement résolu par le Tribunal. Le jugement est fondé sur des motifs inattaquables, car il est
juste que le propriétaire qui ne peut ni diriger, ni vérifier des travaux, ait un recours contre l'architecte
auquel il accorde sa confiance et dont les erreurs lui
ont causé un dommage quelconque. — Que la jurisprudence de la sixième chambre soit adoptée par les
autres tribunaux, et l'industrie du bâtiment sera délivrée des innombrables scandales auxquels donne lieu
depuis trop longtemps la vérification des mémoires
de travaux.

Du reste, les entrepreneurs et les propriétaires ne
sont pas seuls intéressés à cette réforme. Les vrais
architectes, les vrais vérificateurs, ceux qui savent
leur métier, ceux qui travaillent et prennent la peine
de s'instruire, seront débarrassés de la concurrence
des gens déclassés qui font profession de réduire les
mémoires à tort et à travers, parce qu'ils n'ont point
à porter la peine de leur incapacité ou de leur mal-
veillance.

§ 24.

Comptes de mitoyenneté. — Doit-on des honoraires spéciaux pour
l'établissement de l'attachement figuré du mur, du métré du
mur, de la ventilation des dépenses, des vacations sur place, etc.
— 1° Si l'architecte qui dresse le compte, a construit le bâtiment
et le mur, et a reçu les honoraires habituels de 5 0/0 sur l'ensemble de la construction? — 2° Si l'architecte n'a pas construit
le bâtiment ni le mur?

Dans un cas comme dans l'autre, il est dû à l'architecte qui dresse le compte de mitoyenneté et l'attachement figuré du mur, des honoraires spécieux
calculés à raison de 6 p. 100 sur le montant du règlement du compte.

Pour plus amples renseignements, reportez-vous
à l'alinéa n° 366 de notre *Livre spécial sur les Murs
mitoyens:*

CHAPITRE III

§ 6. — Décès de l'architecte. — Droits des héritiers au double
   point de vue :
   1° De la continuation du travail.
   2° Des honoraires dus.
   Quelles sont les pièces dont la remise doit être faite au
   propriétaire par les héritiers?

§ 7. — Décès du propriétaire. — Inventaire. — Situation dressée.
   Quels sont les droits de l'architecte au triple point de vue:
   1° Des honoraires dus pour la situation à dresser.
   2° De la continuation des travaux par lui, ou un autre architecte.
   3° De la cessation des travaux par ordre formel des héritiers.

§ 8. — Expertise. — Cessation des travaux. — Par suite de non
   exécution du marché par l'entrepreneur, les travaux
   sont terminés sous la direction d'un expert. — Quelle
   est la position de l'architecte par rapport à son droit de
   contrôle et à ses honoraires ?

§ 9. — L'architecte dresse ses plans et dirige, mais le propriétaire
   vérifie lui même ou fait vérifier lui même les travaux
   par un vérificateur de son choix. — Quelle retenue le
   propriétaire est-il en droit d'exercer sur le taux habituel de 5 0/0 pour les honoraires de son architecte?

§ 10. — Surveillance des travaux. — *Quid,* si le propriétaire place
   un inspecteur sur le travail ou s'il oblige son architecte
   à avoir un inspecteur en permanence sur le chantier,
   au double point de vue du logement et des appointements de cet agent?

CHAPITRE III

---

§ 1.

Architecte évincé aprés avoir dressé les plans et façades. — Honoraires dus à cet architecte et honoraires dus à son successeur.—
Y a-t-il une distinction à faire pour le cas où le propriétaire aurait à l'avance tracé un programme et déterminé le maximum de
la dépense?

83. Il y a là une double situation à envisager :
la première, en ce qui concerne l'architecte évincé,
la seconde en ce qui regarde l'architecte successeur.

84. L'architecte évincé, après avoir dressé et fait
approuver les plans, coupes, façades, devis, etc., se
trouve (par le fait même de cette éviction) victime
d'une mesure attentatoire à ses intérêts moraux et
matériels. Sa réputation, son avenir, sont atteints
gravement par ce seul fait d'être remplacé par un
de ses confrères. De plus, demeurant responsable au

9

regard du propriétaire des vices du plan, aux termes
de l'article 1792 du Code civil, on conçoit de suite
que la situation de cet architecte ne peut être identique à celle qui lui serait faite dans toute autre circonstance : par exemple dans le cas prévu au § 1er du
chapitre IV où l'architecte dresse des plans, projets et
devis ne répondant pas au désir du propriétaire et
étant par cela même irréalisables. Il y a ici une
situation toute différente, toute en faveur de l'architecte évincé : puisque, au contraire de ce qui existe
pour le cas prévu au § 1er du chapitre IV, cet architecte évincé a rendu un véritable service au propriétaire en dressant un projet sérieux, réalisable,
approuvé par ce dernier : projet dont il demeure
responsable quant aux vices possibles du plan, con-
curremment et solidairement avec l'architecte successeur, ainsi que cela est démontré plus loin.

85. Pour cette situation, différente quant au
service rendu et quant au travail fait, il faut logique-
ment qu'il y ait une solution inverse. Aussi, si le
lecteur veut bien se reporter au § 1er du chapitre IV,
il verra de suite que la jurisprudence qui y est relatée
peut recevoir ici son application en raisonnant par
analogie. L'affaire *Renaut Meyret* contre *de la Mos-*

kowa, tranchée par jugement du Tribunal civil de la Seine, 5ᵉ chambre, le 6 juin 1877, détermine un point fort important, à savoir : « Que l'émolument « proportionnel de 1 et demi pour 100, alloué ordi-« nairement dans l'usage, pour dressé de plans et « devis, comprend nécessairement deux choses bien « distinctes :

« 1° Le travail en lui-même des projets ;

« 2° La part de responsabilité civile qu'encourt « l'auteur des plans dont la réalitation a lieu dans la « suite, soit par lui-même, soit par un autre archi-« tecte. »

Cette doctrine, posée en principe par le Tribunal, le conduit à décider dans l'affaire Renaut-Meyret : « Qu'un projet non réalisable, ne faisant courir à son « auteur aucun risque de responsabilité, devait par con-« séquent être moins rétribué que dans le cas contraire, « où l'auteur du projet encourt un risque de responsa-« bilité, par le fait même de l'exécution de son projet. »

Le Tribunal estime : Que l'émolument proportion-nel de 1 et demi pour 100 se compose, comme nous le disions plus haut, de deux éléments : et que, par conséquent, dans l'affaire Renaut-Meyret, l'un des deux éléments n'existant pas, il y a lieu de réduire l'élément proportionnel de 1 et demi à 0 fr. 75 cen-

times. Ce qui équivaut a dire que dans le cas qui
fait l'objet du présent paragraphe, les deux éléments
de tarification se présentant, il y a lieu d'allouer à
l'architecte évincé le droit entier de 1 et demi pour 100.
Ce droit accordé par l'usage est visé dans de nombreux jugements et arrêts, notamment dans le jugement du 6 janvier 1877, rapporté en entier au § 1er
du chapitre IV.

Voilà pour ce qui regarde la situation de *l'architecte évincé.* Voyons maintenant la situation, non
moins intéressante, du second architecte, qui accepte
d'exécuter un projet dressé par un de ses confrères.

86. L'architecte qui consent à exécuter les plans
dressés par un de ses confrères accepte par cela
même d'encourir concurremment] et solidairement avec le premier architecte la responsabilité
édictée par l'article 1792 du Code civil, si les plans
contiennent des vices ou imperfections. D'où la conclusion qu'encourant une responsabilité de ce chef,
le propriétaire ne peut valablement déduire du chiffre
des honoraires, ordinairement fixé à 5 pour 100, le
quantum applicable au dressé des plans.

Si cependant les plans avaient été dressés par un
architecte connu, choisi par le propriétaire, et si le

second architecte déclarait formellement ne pas vouloir endosser la responsabilité découlant du vice possible de ces plans : Il nous semble qu'alors, le second
architecte exécutant l'œuvre qu'il n'aurait pas conçue,
l'œuvre qui lui serait·imposée par conséquent, devrait dans ce cas être considéré plutôt comme un
agent directeur de travaux que comme un architecte
responsable des vices de son plan. Dès lors, les honoraires qui seraient dus à cet agent directeur seraient
les suivants :

1° Pour conduite des travaux, Un et demi pour
Cent.

2° Pour vérification et règlement du mémoire,
Deux pour Cent.

87. Si, au lieu d'être un simple agent faisant
exécuter des plans complets, correctement et parfaitement dressés pour l'exécution, avec tous profils et
détails fournis : la personne chargée de l'exécution
devait étudier les plans remis, faire les profils,
dresser les devis, s'occuper des marchés. En un
mot, ·s'il ne lui était remis qu'une série de plans,
coupes et façades : Cette personne devrait être considérée alors comme l'architecte véritable de l'œuvre,
et le propriétaire ne pourrait rien déduire du chiffre

de 5 p. 100 des honoraires, pas même le simple
dressé des plans.

88. A l'égard de l'architecte évincé et quelle que
soit la somme payée par le propriétaire à son successeur : il est hors de doute que cet architecte a le droit
de se faire payer le dressé des plans et devis qu'il a
pu faire à raison de un et demi pour cent du montant des travaux projetés (ainsi d'ailleurs que nous le
démontrons plus haut), si la cause d'éviction de cet
architecte n'est pas la conséquence d'un *défaut
d'exécution de convention* ayant pu intervenir entre
lui et le propriétaire, soit à raison d'un programme
tracé, soit à raison d'un maximum de dépenses
imposé.

89. Si, en donnant l'ordre de dresser les projets,
le propriétaire a nettement déclaré à l'architecte que la
dépense à effectuer devra être limitée à un maximum
déterminé, la situation n'est plus la même. Dans ce
cas, l'architecte qui dresse un projet inexécutable
pour la somme déclarée, risque de perdre le fruit
de son travail : parce qu'il est alors dans l'impossibilité d'exécuter la convention imposée par son client,
convention pouvant se résumer en deux points :

1° établir des plans selon un programme tracé à l'avance, 2° trouver quelqu'entrepreneur qui les exécuterait pour une somme déterminée à l'avance, comme devant être le maximum de la dépense.

La situation de l'architecte, dans ce cas spécial, est assez délicate et ne manque cependant pas d'intérêt, car il peut être de bonne foi en pensant pouvoir exécuter le programme tracé pour la somme convenue. Il nous semble qu'il est équitable, dans ce cas, de lui allouer sinon le 1 et 1/2 pour cent d'honoraires dus pour dressé de plans et devis, mais tout au moins une indemnité s'approchant de cette tarification. En compulsant les nombreux arrêts et jugements rendus sur la matière, nous avons été assez heureux pour trouver l'adoption de ces principes dans une affaire *Marchoine* architecte contre les époux *de Bridieu*, tranchée par jugement du *Tribunal civil de la Seine*, (2° chambre) rendu le 5 *août* 1878, dans les circonstances de fait ci-après :

« Après avoir accepté les plans dressés par M. Marchoine, architecte pour la construction d'un hôtel rue de Varennes, la comtesse de Bridieu, se fondant sur ce que le chiffre des devis dépassait la somme qu'elle destinait à cette construction, s'adressa à M. Lambert, architecte, rue de Lille, qui s'engagea à l'exé-

cuter en se renfermant dans les prix qu'elle proposait. »

« M. Lambert apporta quelques modifications
intérieures et des simplifications aux dispositions
premières. »

« Mais pour l'ensemble et la façade, il se servit du
« premier projet. »

« Le travail fini, il fit graver son nom sur la façade. »

La comtesse de Bridieu n'ayant offert à M. Morchoine qu'une somme insuffisante, la deuxième
chambre fut saisie d'une réclamation, à la suite de
laquelle le Tribunal vient de rendre le jugement suivant. »

« Entre M. Marchoine, architecte, demeurant
à Paris, rue Cassette, 25. — Demandeur : Pérard.

« Contre M. et Mme de Bridieu, propriétaires,
demeurant à Paris, rue de Grenelle–Saint–Germain,
109. — Défenseur : Berton.

« Le Tribunal, ouï en leurs conclusions et plaidoi-
ries.

« Demonjay, avocat, assisté de Pérard avoué de
Marchoine ; Taillandier, avocat, assisté de Berton,
avoué des époux de Bridieu ; le ministère public
entendu, et après en avoir délibéré conformément à la
loi, jugeant en premier ressort :

« Attendu qu'il est constant en fait et non dénié que la comtesse de Bridieu s'était adressée à Mar-choine, architecte, pour l'édification d'un hôtel, rue de Varennes, à Paris, dont les plans et devis, établis sur les données d'une distribution tracée par elle, ne dévaient pas entraîner à une dépense excé-dant deux cent mille francs et par extension ultérieure deux cent cinquante mille francs ;

« Attendu que Marchoine a déclaré ne pouvoir exécuter les plans et devis établis par lui et les données, à moins d'une dépense de 363,506 fr. 64 c. pouvant éventuellement, par remise des entrepreneurs, être réduite seulement à 327,926 francs ;

« Attendu que dans ces circonstances, la comtesse de Bridieu a dû s'adresser à un autre architecte et que néanmoins elle a offert à Marchoine, par ses conclu-sions, une somme de 1,000 fr.

« Mais attendu que ces offres sont insuffisantes pour indemniser Marchoine tant de son travail et de ses déboursés et honoraires que des autres soins, avances et démarches accessoires ; que le Tribunal a les éléments suffisants pour fixer à 4,000 fr. la somme due par les époux de Bridieu à Morchoine ;

« Par ces motifs,

« Fixe à quatre mille francs la somme due à

« Marchoine pour déboursés et honoraires quelcon-
« ques ;

   « Condamne les époux de Bridieu à lui payer ladite
« somme de quatre mille francs ;

   « Condamne lesdits époux de Bridieu aux dépens
« dont distraction est faite au profit de Perard, qui
« l'a requise aux offres de droit. »

§ 2.

Architecte évincé après le dressé des plans et façades. — Cet architecte conserve-t-il le droit de signer la façade ? — Ce droit est-
   il par conséquent refusé au second architecte ?

90. Un jugement rendu par le *Tribunal Civil de la
Seine*, le 5 *août* 1869 a jugé : « Que l'architecte
« évincé, qui avait dressé les plans et projets d'une
« construction, avait seul le droit de signer la façade
« exécutée selon ses projets ; et que par conséquent, le
« second architecte qui avait exécuté l'œuvre d'un con-
« frère, nuisait à autrui, si d'office et en vertu de
« l'autorisation qui lui serait consentie par son client,
« il voulait inscrire son nom sur une façade dont il
« n'était pas l'auteur. »

Cette décision est intervenue dans une affaire *Mar-*

choine, architecte contre les époux *de Bridieu ;* Voici
les principaux considérants de cette décision de justice :

« En ce qui touche la demande de Marchoine à fin
de suppression du nom d'architecte sur la façade de
l'hôtel :

« Attendu que si un propriétaire a le droit de
consentir ou de refuser telle inscription que ce soit sur
son immeuble, il ne peut néanmoins le faire qu'à la
condition de ne pas nuire à autrui ;

« Attendu que Marchoine a juste motif de se plaindre d'une inscription qui paraît attribuer à son successeur exclusivement une œuvre commune à laquelle
il a contribué par la production de plans, il est vrai
rectifiés, mais néanmoins utilisés par l'architecte qui a
la conduite des travaux est qui n'y a pas apporté de
changements assez notables pour en faire son œuvre
exclusive et personnelle ; que Marchoine est en conséquence fondé dans sa demande à fin de suppression de
l'inscription dont s'agit :

« Dit et ordonne que dans le mois du présent
« jugement, les époux de Bridieu feront disparaître
« de la façade de l'hôtel, l'inscription dont la sup-
« pression est demandée ».

Des décisions, de la nature de celle ci-dessus
rapportée, ne sauraient être trop publiées ; car elles

contiennent l'enseignement suivant qui est de nature
à rappeler aux architectes trop oublieux de leurs
devoirs professionnels : « Que le talent ne s'acquiert
« pas par le seul fait de s'intituler architecte. Et
« qu'en France, la propriété artistique est toujours
« sauvegardée par nos tribunaux, gardiens vigilants
« ne tolérant pas que le geai se pare des plumes
« du paon. »

§ 3.

Architecte évincé en cours de l'exécution des travaux. — Quels
sont les honoraires dûs à cet architecte.

91. Lorsque l'architecte est évincé au cours des
travaux, sans cause légitime, (par cause légitime il
faut entendre une faute lourde commise par lui dans
l'accomplissement de son mandat) cet honorable artiste
éprouve un double dommage. En premier lieu,
l'architecte est privé, tout d'abord, d'une somme d'honoraires pour un travail facile et agréable à faire
désormais. En second lieu, il est privé de l'énorme
avantage résultant pour lui de compléter son œuvre,
de se faire connaître, d'acquérir de la réputation, etc.

Lorsque l'architecte évincé est connu déjà par des travaux nombreux et importants, exécutés sous sa direction ; lorsqu'il a de la célébrité en un mot, le dommage causé est insignifiant pour lui, surtout au point de vue moral. Mais malheureusement, pour qui connaît les affaires du bâtiment, les victimes frappées par les propriétaires capricieux et fantaisistes sont presque toujours de jeunes architectes, se laissant influencer par leurs clients, parce qu'ils sont trop dociles à la volonté de ces propriétaires, souvent injustes et déraisonnables. Dans ce cas, le préjudice causé à ces débutants devient énorme en ce qu'une certaine défaveur peut porter une grave atteinte à leur avenir. Nous estimons que c'est là surtout qu'il faut aller chercher la cause des difficultés et des embarras que rencontrent les jeunes architectes dans l'exercice pénible de leur profession : profession si difficile et si peu lucrative lors des débuts, à moins de circonstances exceptionnelles, surtout si le débu- tant n'ayant, pour toute recommandation que son talent et le désir de bien faire, reste honnête et bon confrère.

Une telle situation se produisant souvent, il n'était pas possible que les tribunaux n'aient pas eu l'occa-- sion de l'apprécier dans quelques circonstances. En compulsant la jurisprudence, nous avons découvert un Arrêté du Conseil d'État et un jugement du Tribunal Civil de la Seine.

Ces deux décisions, émanant de deux pouvoirs distincts, puisque l'une est de l'ordre administratif et que l'autre est de l'ordre judiciaire, sont d'accord pour reconnaître : « Que l'architecte évincé en cours du « travail, sans cause légitime, est privé de l'avantage « résultant pour lui d'un quasi-contrat intervenu « entre lui et le propriétaire, lequel contrat ne peut « valablement et raisonnablement être résilié qu'à « la suite d'une faute lourde commise par l'archi-« tecte. » Dans l'affaire soumise au *Conseil d'État*, l'architecte, directeur des travaux, avait stipulé un chiffre d'honoraires à 4 pour 100 sur le montant des travaux. Quoique évincé, la commune, pour qui il travaillait, a été condamnée à lui payer l'intégralité des honoraires —.Dans l'affaire soumise au *Tribunal Civil de la Seine*, il s'agissait d'un architecte évincé après avoir commencé le travail : il n'avait dressé que les plans et devis et n'avait dirigé que les fouilles et la construction du sous-sol. Le Tribunal a alloué deux et demi pour cent sur l'ensemble de la construction.

Afin de permettre au lecteur d'apprécier par lui-même ces deux décisions de justice, nous allons

indiquer dans quelles circonstances de fait ces deux
arrêt et jugement ont été rendus :

1° *Arrêté du Conseil d'État* du 18 *Novembre* 1869.

« Le sieur Castex, architecte, demeurant à Saint-
Gaudens, avait' été chargé de rédigé un plan pour
l'établissement de fontaines dans cette commune, et,
à la suite de son adoption, il avait été chargé d'en
diriger et surveiller l'exécution ; — ses honoraires
devaient être, tant pour la rédaction du projet que
pour la direction et la réception des travaux, de 4 p.
100 du total de la dépense à faire. »

« Le sieur Castex fit commencer l'entreprise, et la
dirigea conformément aux règles de l'art. Mais le
maire et la commission du conseil municipal, jugeant
sans doute que deux directions valent mieux qu'une,
s'immiscèrent dans des questions toutes spéciales,
auxquelles ils étaient absolument étrangers, si bien
qu'un conflit ne tarda pas à s'élever entre eux et l'architecte. — Ce dernier ne put s'opposer aux volontés
de ses mandants, et, le 2 juillet 1862, il fut privé de
la direction des travaux avant qu'ils ne fussent terminés.

« Le sieur Castex ne pouvait s'opposer à cette décision ; seulement il demanda que les honoraires à lui
dus fussent calculés sur le montant total du projet,

comme il avait été convenu à l'origine, et non pas sur la portion des travaux déjà exécutés au moment de sa révocation.

« Puis, comme la commune refusait de faire droit à cette demande, il porta la question devant le Conseil de préfecture de la Haute-Garonne, et, par suite d'un arrêté qui avait donné gain de cause à la commune, devant le Conseil d'État.

« Nous croyons inutile de reproduire l'arrêté du Conseil de préfecture ; disons seulement qu'au lieu d'accorder 3,306 fr. 37 c. d'honoraires, il les avait réduits à 1,621 fr. 37 c., calculés sur la partie des travaux exécutés avant la révocation de l'architecte, et qu'il avait refusé le surplus, par la raison que ce dernier devait participer aux malfaçons et retards signalés dans l'exécution des travaux. Or, ce motif paraissait d'autant moins fondé qu'un commissaire enquêteur, nommé par le Conseil de préfecture lui-même, avait déclaré que les projets avaient été exécutés dans les conditions ordinaires.

« C'est dans cet état que l'affaire s'était présentée devant le Conseil d'État, où elle reçut une toute autre solution, ainsi qu'il résulte de l'arrêt suivant, que nous reproduisons presque en entier :

« Vu la requête, etc. :

« Vu l'arrêté en date du 20 décembre 1864, par lequel le Conseil de préfecture du département de la Haute-Garonne, avant de statuer au fond sur les prétentions du sieur Castex et de la commune de Saint-Gaudens, ordonne que par le sieur Esquié, architecte du département, que le Conseil délègue spécialement à cet effet, il sera procédé, par voie d'enquête, à l'examen de la réclamation du sieur Castex, ainsi que des motifs du refus opposé par la commune à cette réclamation, la mission du commissaire enquêteur devant consister notamment dans la détermination du montant total des dépenses autorisées pour l'entreprise et du montant des dépenses effectuées à la date du 2 juillet 1862, et dans l'examen, d'une part, de la conduite de l'architecte Castex au double point de vue de la direction et de la surveillance des travaux, et, d'autre part, de la question de savoir si, en dehors du contrôle qu'ils étaient appelés à exercer sur le marché de l'entreprise, le maire et la commission du conseil municipal, chargée de suivre les travaux, se seraient immiscés dans les spécialités de la partie d'art ;

« Vu le rapport du commissaire enquêteur, en date du 10 octobre 1866, duquel il résulte, notamment, que l'entreprise devait entraîner une dépense totale de 78,223 fr. 62 c.; qu'à la date du 2 juillet 1862, il

10

avait été exécuté pour 56,891 fr. 61 c. de travaux ;
enfin, que le sieur Castex avait dirigé et surveillé les
travaux dans les conditions ordinaires, mais que le
maire et la commission du conseil municipal s'étaient
immiscés à tort dans les spécialités de la partie d'art ;

« Vu les autres pièces produites et jointes au dossier ;

« Vu la loi du 28 pluviôse an VIII ;

« Considérant, d'une part, que, dans l'espèce,
aucune disposition de loi ne prescrivait au conseil de
préfecture de faire procéder à une expertise ; que,
d'autre part, des termes mêmes dans lesquels la
mission donnée au sieur Esquié a été définie dans
l'arrêté ci-dessus visé du 20 décembre 1864, il résulte
que cette mission constituait plutôt une enquête qu'une
expertise ;

« Que, dès lors, le sieur Castex n'est pas fondé à
se plaindre de ce qu'il a été procédé à la vérification
ordonnée par le conseil de préfecture, au moyen d'une
enquête ayant eu tous les caractères d'une expertise
effectuée sans l'accomplissement des formalités prescrites par la loi, l'arrêt attaqué doit être annulé comme
ayant été rendu à la suite d'une expertise irrégulière ;

« Au fond :

« Considérant que la seule disposition de l'arrêté

attaqué contre laquelle se pourvoit le sieur Castex est
celle qui est relative à la quotité des honoraires dus à
cet architecte ;

« Considérant qu'il est reconnu par les parties que
le sieur Castex, qui avait dressé un projet de construction des fontaines publiques de Saint-Gaudens, avait
été chargé de diriger et de surveiller l'exécution du
projet adopté par le conseil municipal de cette commune, et que des honoraires représentant 4 p. 100 de
la dépense totale de l'entreprise devaient lui être payés,
tant pour la rédaction de son projet que pour la direction de l'entreprise et la réception des travaux ;

« Considérant qu'en présence du contrat qui avait
ainsi été passé entre la commune de Saint-Gaudens
et le sieur Castex, ce dernier ne pouvait être privé des
avantages à lui concédés en vertu de ce contrat,
qu'autant que la direction de l'entreprise lui aurait été
enlevée à la suite d'une faute commise par lui, qui
aurait été de nature à lui faire enlever cette direction ;

« Mais considérant qu'il ne résulte pas de l'ins-
truction qu'une faute de nature à faire enlever
au sieur Castex la direction des travaux de construction des fontaines publiques de Saint-Gaudens puisse
être imputée à cet architecte ;

« Que, dans ces circonstances, ledit sieur Castex

est fondé, par application des dispositions de l'article 1794 du Code Napoléon, à réclamer, comme dédommagement des avantages dont il a été privé, la totalité des honoraires auxquels il aurait eu droit s'il avait dirigé l'entreprise jusqu'à son entier achèvement, soit la somme de 3,128 fr. 94 c.. avec les intérêts de cette somme à partir du jour où ils ont été demandés ;

« Art. 1ᵉʳ. Les honoraires dus par la commune de « somme Saint–Gaudens au sieur Castex sont portés « à la somme totale de 3,128 fr. 94 c.;

« Cette somme produira intérêts au profit du sieur « Castex à partir du 20 décembre 1864.

« Art. 2. L'arrêté du Conseil de préfecture du « département de la Haute-Garonne, en date du « 12 février 1867, est réformé en ce qu'il a de con- « traire au présent arrêt.

« Art. 3. Le surplus des conclusions du sieur Cas- « tex est rejeté.

« Art. 4. La commune de Saint–Gaudens est « condamnée aux dépens. »

2° Jugement du *Tribunal Civil de la Seine* du 20 *avril* 1873, rendu par la la 5ᵉ chambre.

« M. Alfred Pelletier, architecte, à Paris, avait été chargé, en mai 1872, par M. Varlet, négociant, de dresser les plans, devis et cahiers de charges d'une

maison qu'il se proposait d'élever, sise à Paris, avenue Daumesnil n° 86.

« Cet architecte se livra à des études nombreuses du
projet de construction ; un premier projet fut accepté,
signé par M. Varlet et autographié. A la demande du
propriétaire, de nouvelles études furent faites, et un
deuxième projet fut de même accepté, signé et autographié en plusieurs séries. Le plan du dernier projet
remis à la Ville fut accepté, ainsi que les cahiers de
charges du dernier projet qui furent remis à M. Varlet.

« Le devis modéré s'élevait à 60,000 fr.

« L'architecte justifiait du mandat qu'il avait reçu de
M. Varlet par des lettres à lui écrites, par le *bon pour
exécution* avec signature apposée par le propriétaire sur les plans des caves, sous-sol, rez-de-chaussée,
des étages, des façades sur la rue et sur la cour, en
coupes et élévations, ainsi que par les récépissés des
entrepreneurs, qui avaient reçu des plans.

« M. Pelletier conduisit et surveilla l'exécution des
travaux, au cours desquels il donna ses instructions à
l'entrepreneur de terrassements, qui effectua la fouille,
et au chef d'atelier maçon Duprat, mis en œuvre par
le propriétaire, — ainsi qu'il en rapportait la preuve
par des attestations émanant d'eux.

« Les fouilles terminées, les caves finies, le plancher

des caves hourdé, et la construction arrivée au rez-
de-chaussée, il ne restait plus à l'architecte qu'à suivre les travaux et à donner ses instructions aux entrepreneurs des divers corps d'état, au fur et à mesure
de leur avancement. En effet, les murs étaient plantés,
les piles montaient, les tuyaux de cheminées se super-
posaient, enfin les distributions des étages étaient
arrêtées.

« A ce moment (17 juillet 1872), M. Pelletier reçu
« de M. Varlet la lettre suivante :

« Je vous prie de me faire remettre le compte de
« ce que je vous dois et vous prie de m'excuser de ter-
« miner avec vous ; mais je puis finir mes travaux
« moi-même, chose qui me sera facile, ayant traité
« avec des entrepreneurs. »

« M. Pelletier dut assigner M. Varlet devant le tribu-
« nal civil de la Seine.

« Me *Jules Périn*, avocat de M. Pelletier, architecte,
soutient sa demande, en disant que si son client était
resté architecte de M. Varlet jusqu'à l'achèvement du
bâtiment, il pourrait prétendre, conformément au tarif
du 12 pluviôse an VIII, à 5 p. 100 du montant des
travaux exécutés à forfait et s'élevant à 60,000, soit
3,000 fr.; mais que, par suite de la révocation du
mandat, il y avait lieu de déduire la conduite et sur-

veillance des travaux et détails d'exécution nécessaires pour achever le bâtiment, soit 120 jours à une
vacation par jour, tant au cabinet que sur place,
à 8 fr. . . . . : 960
qu'il restait donc à lui payer. 2,040

« Ce mode de régler est assurément raisonnable et
équitable. Me Périn ajoutait, comme analogie, que
l'entrepreur engagé dans un marché à forfait, au cas
où le maître le résilie ainsi par sa seule volonté,
quoique l'ouvrage soit déjà commencé, doit le dédom-
mager de toutes ses dépenses, de tous ses travaux, et
de tout ce qu'il aurait pu gagner dans cette entreprise
(C. civ., 1794).

« Me *Léon Lesage*, avocat, sans méconnaître que
M. Pelletier ait fourni des plans à son client, s'en
rapportait au tribunal pour l'appréciation de la rémunération due pour ce travail ; mais il opposait que
M. Pelletier n'avait ni commandé les travaux, pas
même un jour, ni dirigé indirectement ces travaux,
et que, de ce chef, il n'avait absolument droit à
rien.

Mais le tribunal a rendu le jugement suivant.

« Le Tribunal, ouï en leurs conclusions et plai-
doiries *Jules Périn*, avocat, assisté de Aymé, avoué
de Pelletier ; *Léon Lesage*, avocat, assisté de Husson,

avoué de Varlet, et après en avoir délibéré conformément à la loi, jugeant en premier ressort :

« Attendu que Pelletier a dressé les plans, fait les devis et dirigé une partie des travaux d'une maison sise à Paris, avenue Daumesnil pour le compte de Varlet, mais que son mandat a cessé lorsque la construction était arrivée au premier plancher ;

« Que, d'après les documents soumis au tribunal, il y a lieu de fixer à 1,500 fr. les honoraires qui lui sont dus pour ces différents travaux ;

« *Par ces motifs* : condamne Varlet à payer à Pel-
« letier la somme de 1,500 fr. avec les intérêts à
« partir de la demande et le condamne aux dépens
      dont distraction à Aymé, avoué, qui l'a requise
« aux offres de droit. »

§. 4.

Architecte évincé en cours du travail. — Quelles sont les pièces dont-il doit faire la remise au propriétaire? — Doit-il au préalable exiger le payement de ses honoraires? — 1° En matière de travaux particuliers. — 2° En matière de travaux publics.

92. L'architecte évincé, en cours du travail, sans motif légitime, n'est tenu de remettre à son client *aucune pièce*, tant que celui-ci ne s'est pas libéré

vis-à-vis de lui des sommes dont il est son débiteur.
La rétention des pièces peut s'étendre même aux
marchés signés par les entrepreneurs, aux reçus
donnés, aux pièces administratives de la police ou de
la voirie.

93. Tout ce qui vient d'être dit s'applique aux
travaux particuliers. Pour les travaux publics, le droit
est tout différent, et cela se conçoit : 1° Parce qu'une
administration publique régie et contrôlée par des
réglements et arrêtés publics, ne peut être soupçonnée
d'insolvabilité, comme peut l'être un particulier à
juste raison souvent ; 2° Parce que les travaux publics
présentant un caractère d'ordre supérieur, intéressant
une collectivité d'habitants, ne peuvent être inter-
rompus pendant longtemps sans porter atteinte à
l'intérêt du plus grand nombre ; 3° Parce qu'en
matière de travaux publics, les actes des municipalités
ou établissements hospitaliers, pour devenir définitifs,
doivent d'abord être soumis à la censure de l'autorité
supérieure, qui a le pouvoir d'en suspendre l'exécution, s'il ne les annule pas, et qui peut en tous cas
prendre des mesures conservatoires dans l'intérêt de
tous ; 4° Enfin, parce qu'en matière administrative,
toutes les pièces des projets doivent demeurer dans les

archives, pour y être laissées à la disposition des parties intéressées. — Voyez à cet égard la jurisprudence analysée au § 10 du Chapitre 1er.

§ 5.

Architecte évincé en cours du travail. — Quels sont les honoraires dus au second architecte qui achève l'œuvre commencée ? — *Quid*, si le gros œuvre est fait en tout ou en partie ? — *Quid*, si les travaux ont été traités à forfait, ou sur série de prix ?

Quelle que soit la somme payée par le propriétaire à l'architecte évincé, le second architecte doit être payé selon ce qui va être indiqué ci-dessous :

94. Si le second architecte ne remanie pas les plans et se borne à quelques modifications de détails : mais s'il dresse les profils et détails d'exécution bien qu'exécutant l'ensemble du projet dressé par son confrère : Il est fondé à réclamer le demi-droit accordé pour dressé des plans et devis (car ce travail comporte le dessin des profils et détails d'exécution) soit 0 f. 75 c. pour 100 francs, ou en tout 4 fr. 25 p. 100.

95. Au cas où le *gros œuvre serait construit*,

l'architecte *successeur* ne pourrait se faire payer le droit accordé pour conduite des travaux, de un et demi pour cent que sur les travaux *restant à faire*. Il en serait différemment si le gros œuvre n'était que commencé.

96. Autre hypothèse, *gros œuvre non construit* ou *construit en partie* seulement. Le droit de un et demi pour cent pour conduite des travaux est dû sur *l'ensemble* des travaux, parce que dans ce cas : 1° le second architecte ayant à exhausser en quelque sorte ce qui a été commencé par son prédécesseur, devient par cela même responsable non-seulement des constructions à édifier, mais encore de celles faites par son prédécesseur, puisqu'il accepte de s'en servir pour supporter les siennes (Voyez § 6 du Chapitre 2) : 2° parce qu'aussi, le second architecte devant encourir un risque de responsabilité étendu à *l'ensemble* de la construction, il est juste que par contre et comme juste dédommagement de l'excédant du risque encouru par lui, le droit de se faire payer l'émolument applicable à la conduite des travaux, *même sur les travaux commencés* lui appartint. Ce point n'est pas douteux.

97. 3° Au cas de construction *à forfait*. Si le

second architecte révise tous les devis, étudie tous les
marchés à forfait, les compulse, dresse l'état des plus
faits et des moins faits, procède à la réception
provisoire d'abord, définitive ensuite, des travaux exécutés par lui : Il a droit aux honoraires complets de
cinq pour cent sur l'*ensemble* des travaux. S'il s'agit
de travaux sur *série de prix* : le second architecte,
ayant à vérifier les mémoires des travaux exécutés
tant par lui que par son confrère évincé, a droit
également aux honoraires complets de cinq pour cent
sur l'ensemble des travaux.

98. Quelques propriétaires émettent la singulière
prétention de vouloir régler la situation du second architecte, en déduisant du taux habituel de cinq pour
cent la somme qu'ils ont payée à l'architecte évincé ;
mais cette prétention ne saurait être admise, parce-
qu'alors ce ne serait plus le propriétaire qui payerait
à l'architecte évincé la réparation du dommage causé
par un brusque renvoi, par une éviction déraisonnable, mais bien le second architecte : puisque si la
prétention du propriétaire était admise il ne payerait
que les cinq pour cent réglementaires.

99. On ne saurait trop insister sur ce point, à savoir:

« Que le propriétaire qui change un architecte, par
« caprice et sans cause légitime, porte par le fait
« même de ce changement, un trouble profond et
« un préjudice considérable à celui qu'il évince,
« sinon sans droit, tout au moins sans raison. Que
« les Tribunaux administratifs comme les Tribunaux
« judiciaires sont tous d'accord pour qualifier d'in-
« juste, la volonté ainsi exprimée du propriétaire.
« Qu'ils n'hésitent pas à le condamner à des dom-
« mages intérêts. » Cette doctrine résulte notamment
d'un arrêté du *Conseil d'État* rendu le 18 *novembre*
1869, et d'un Jugement rendu par la 5e chambre du
Tribunal Civil de la Seine le 20 *juin* 1873 : décisions rapportées dans le § 3 du présent Chapitre.

§ 6.

Décès de l'architecte. — Droits des héritiers au double point de
vue : — 1° De la continuation du travail. — 2° Des honoraires
dus. — Quelles sont les pièces dont la remise doit être faite au
propriétaire par les héritiers?

100. Au point de vue de la continuation du travail
et si le propriétaire y consent, les héritiers ont le
devoir de faire achever l'œuvre commencée par le
de cujus, soit par un architecte de leur choix, soit

par un architecte choisi d'un commun accord. Si l'une des parties se refuse à accepter cet arrangement, son droit est incontestable, car aux termes de l'article 1795 du Code Civil, le contrat de louage est dissous par la mort de l'ouvrier, de l'architecte ou de l'entrepreneur. Il ne peut y avoir aucun doute à cet égard, la loi étant expresse et formelle.

101. Quant aux honoraires dus : Si un accord intervient pour que les travaux soient achevés sous la direction d'un architecte choisi par les parties, les héritiers du défunt devront désintéresser le successeur. Par contre, ils auront à recevoir l'intégralité des honoraires qui auraient été dus au *de cujus*, comme ayant fait accomplir par autrui la mission qui lui était confiée. Si, au contraire, les travaux sont continués par un architecte choisi par le propriétaire, l'état de situation des travaux au jour du décès sera dressé, au double point de vue des honoraires dus et de la responsabilité encourue par le défunt sur les travaux exécutés par lui.

102. Cet état étant dressé, le propriétaire devra aux héritiers : 1° le dressé des plans et devis à raison de un et demi pour cent sur l'ensemble des travaux faits et à faire ; 2° un et demi pour cent sur le montant

des travaux exécutés au jour du décès ; 3° *s'il y a
forfait*, deux pour cent sur le montant des travaux
faits et à faire, comme ayant dressé les états estimatifs
de la dépense, les cahiers des charges générales et de
conditions particulières, les marchés, etc. etc., travail
équivalent aux règlements des mémoires. *S'il n'y a
pas eu forfait*, et si par conséquent les travaux ont été
traités sur série de prix : les héritiers n'auront droit
pour ce dernier élément d'honoraires, que sur les
règlements de mémoires déjà faits par l'architecte
défunt. Bref, et en deux mots, au contraire de ce qui
a été dit au § 5 du présent chapitre, le propriétaire ne
devra aux deux architectes que la somme d'honoraires égale à celle qu'il aurait payée à son premier
architecte, si celui-ci avait accompli complètement
son œuvre.

103. Au moyen du payement des honoraires dus
aux héritiers et représentants de l'architecte défunt :
remise doit être faite par eux, au moment du payement,
de tout le dossier de l'affaire comprenant les plans,
coupes, façades, cahier des charges, devis, correspondance des entrepreneurs, ordres de service délivrés à
ceux-ci, actes conservatoires pris contre les entrepreneurs, sommations, mises en demeure, permission de

bâtir, procès-verbaux d'alignement, conventions entre
voisins, etc. etc. Toutes ces pièces doivent être inven-
toriées et analysées dans un récépissé, formant
décharge signée par le propriétaire et remise aux
héritiers de l'architecte défunt.

104. Les héritiers de l'architecte *de cujus*, ne sont
pas tenus de remettre les lettres écrites par le propriétaire à son architecte, et toutes autres pièces ayant un
caractère intime ou confidentiel, telles sont : des pro-
positions de prix, des consultations d'avoués, d'avocats, des notes échangées entre confrères, etc. etc.

§ 7.

Décès du propriétaire. — Inventaire. — Situation dressée. — Quels
sont les droits de l'architecte au triple point de vue : — 1º Des
honoraires dus pour la situation à dresser. — 2º De la continuation des travaux par lui, ou un autre architecte. — 3º De la cessation des travaux par ordre formel des héritiers.

105. La situation des travaux qu'il est nécessaire
de dresser, au jour du décès du propriétaire, est un
travail complètement indépendant de la mission ordinaire de l'architecte. En tous cas c'est un travail
nécessité par une circonstance indépendante de sa

volonté. D'où la conclusion, que le dressé de cet état de situation, doit être payé à l'architecte, en dehors de ses honoraires réglementaires, suivant ce qui est indiqué au § 11 du chapitre premier.

106. A l'égard de la continuation des travaux : les héritiers du propriétaire aussitôt qu'ils ont accepté la succession, sont tenus de continuer l'exécution des conventions souscrites par le défunt, ou d'en obtenir la résiliation d'un commun accord. Dans le premier cas, l'architecte continue l'accomplissement de sa mission, ou bien il se considère comme évincé si les héritiers le remplacent : ses droits se trouvent alors réglés par les dispositions contenues au § 5 du présent chapitre. Dans le second cas, il résilie avec les héritiers le contrat de louage intervenu verbalement ou par écrit entre lui et le *de cujus*, moyennant un arrangement qui est débattu et accepté de part et d'autre.

107. Si les héritiers ne veulent pas accepter une résiliation amiable et se refusent d'autre part à continuer les travaux, l'architecte se trouve *évincé* par cela même. Sa situation est réglée, comme il vient d'être dit ci-dessus, par les dispositions contenues dans le § 5 du présent chapitre.

11

§ 8.

Expertise. — Cessation des travaux. — Par suite de non exécution
du marché par l'entrepreneur, les travaux sont terminés sous
la direction d'un expert. — Quelle est la position de l'architecte
par rapport à son droit de contrôle et à ses honoraires.

108. La position de l'architecte, dans ce cas particulier, est exactement la même que s'il n'y avait pas
d'expert : puisque pour accomplir son œuvre, l'expert
ne peut se passer du concours de l'architecte, sans
devenir architecte lui-même, cumul qui lui est interdit
par la loi. Sa qualité d'expert le place sur un terrain
neutre dominant la situation tendue entre le propriétaire et l'entrepreneur, garantie légale qui n'existerait
plus si l'expert devenait l'architecte du propriétaire.

D'ailleurs, quand on connaît comment les choses se
passent dans le cours d'une expertise, on reconnaît de
suite que l'intervention d'un expert, dans une construction quelconque, complique la besogne de l'architecte, au lieu de l'abréger, au triple point de
vue : 1° des relations forcément tendues entre lui et
les entrepreneurs ; 2° des vacations nombreuses à faire
sur place, chaque fois que l'expert le demande ; 3° de

la vigilance à observer et de la régularité à apporter pour prendre toutes mesures conservatoires dans l'intérêt du propriétaire, produire à cet effet tous dires, observations, réquisitions, etc. etc.

En cas de procès, il n'y a profit pour personne : ni pour le propriétaire, qui est obligé d'outrepasser toujours les prévisions du devis, parce que l'expert n'accepte pas souvent la manière de bâtir indiquée au devis ; ni pour l'architecte qui est entravé dans l'accomplissement de son œuvre et dont le travail est plus que doublé ; ni enfin, pour les entrepreneurs, qui, tiraillés de côté et d'autre, finissent toujours par supporter partie plus ou moins forte des dépenses supplémentaires et des frais.

109. La conclusion à tirer de ces faits peut se résumer ainsi : 1° L'architecte a toujours le plus grand intérêt à éviter une expertise ; 2° les honoraires qui lui sont dus, doivent être calculés selon le taux habituel, *sans défalcation aucune.*

§ 9.

L'architecte dresse ses plans et dirige les travaux, mais le propriétaire vérifie lui-même ou fait vérifier lui-même les travaux par
un vérificateur de son choix. — Quelle retenue le propriétaire
est-il en droit d'exercer sur le taux habituel de 5 0/0 pour les
honoraires de son architecte?

110. Si le propriétaire charge un vérificateur de
son choix du soin de régler les mémoires, sans au
préalable, s'être mis d'accord sur ce point avec son
architecte : il est absolument certain que dans ce cas
l'architecte qui n'aurait pas été consulté, qui n'aurait
par conséquent pas accepté cette restriction dans l'accomplissement de sa mission, serait en droit de passer
outre et de vérifier les travaux comme si le propriétaire ne s'en occupait pas. Dans ce cas, le propriétaire
serait censé vouloir exercer un contrôle, non pas sur
les qualités et les prix des ouvrages seulement, mais
encore et surtout sur la façon dont l'architecte accom-
plirait sa mission. Par conséquent, il n'y aurait lieu
à aucune diminution d'honoraires.

111. Si au contraire, l'architecte donne son con-

sentement à l'exécution de cette mesure vexatoire, le propriétaire est en droit de lui retenir le montant des honoraires alloués ordinairement aux vérificateurs, c'est-à-dire un pour cent. On s'étonnera tout d'abord que cette retenue ne soit pas égale au taux de deux pour cent formant l'un des éléments du tarif des honoraires d'architectes pour la vérification des travaux et le règlement des comptes ; mais cette objection tombe devant ce fait que la vérification imposée à l'architecte comprend non-seulement le mesurage des quantités et l'application des prix, mais encore : 1° le relevé de chaque ouvrage en cours du travail, et 2° l'examen minutieux des travaux après exécution. Tous savent en effet que l'examen doit porter sur l'emploi des matériaux employés et commandés par l'architecte aux entrepreneurs. Si, à cette considération, on veut bien admettre que la vérification et le règlement des comptes exigent une réception des travaux, provisoire d'abord, définitive ensuite, laquelle réception ne peut être VALABLEMENT faite que par l'architecte, on reconnaîtra sans peine *que la besogne du vérificateur n'est que l'un des éléments du travail exigé par le tarif du 12 pluviôse an* VIII ; et par conséquent que n'étant qu'une partie de la mission relative au

règlement des travaux, la rémunération du vérificateur qui ne peut valablement exercer ses investigations
et sa science que sur les matériaux défectueux, les
quantités et les prix des ouvrages, a été très-justement
fixée par les us et coutumes à 1 pour 100 — D'où
il faut en conclure que si pour l'ensemble le propriétaire doit payer 5 pour 100 en déduisant le 1 pour 100
dû au vérificateur, il reste 4 pour 100 à payer à l'architecte.

112. Ajoutons à l'appui de cette thèse, qu'encore
bien que l'architecte ne vérifie, ni les quantités, ni les
prix (travail fait par le vérificateur) : que celui-ci ne
peut *utilement* exercer sa profession spéciale, s'il
ne se renseigne auprès de l'architecte sur les points
suivants :

1° L'importance des travaux cachés, disparus par
changements, enterrés ou recouverts d'enduits;

2° L'indication des matériaux demandés à l'entrepreneur;

3° La nomenclature des ordres de service qui lui ont
été remis;

4° La composition du dosage des mortiers;

5° La nature des bois employés;

6° Les attachements relevés en cours du travail;

7° Les vices de construction et malfaçons relevés par lui. En cas de contestations, l'architecte serait tenu de fournir à l'expert et aux conseils du propriétaire, tous les renseignemenis à cet égard, renseignements ignorés du vérificateur tout au moins d'une façon complète et parfaite ; par suite cela est de nature à confirmer l'opinion que nous soutenons, et qui est celle généralement adoptée dans l'usage par les Cours et Tribunaux.

La simplicité de la question faisant l'objet du présent paragraphe, nous dispense d'analyser ici les jugements et arrêts rendus sur ce point spécial.

§ 10.

Surveillance des travaux. — *Quid*, si le propriétaire place un inspecteur sur le travail ou s'il oblige son architecte à avoir un inspecteur en permanence sur le chantier, au double point de vue du logement et des appointements de cet agent?

113. Dans l'un ou l'autre des deux cas spécifiés en tête du présent paragraphe, et à moins de convention contraire : le propriétaire ou l'administration qui exige la présence permanente d'un inspecteur sur le chantier, doit supporter seul, les frais de logement et d'ap-

pointements de cet agent préposé à la demande formelle du propriétaire.

114. En thèse générale, l'architecte étant reponsa-
ble des travaux exécutés, au double point de vue des
fautes qu'il peut commettre lui-même ou de celles qu'il
peut *laisser* commettre (Voyez chapitre 1er de notre
livre sur la responsabilité) : il va de soi qu'il est seul
maître d'organiser la surveillance des travaux et d'agir
comme il l'entend. L'architecte a seul pouvoir sur son
chantier, lui seul a le droit de donner des ordres et
n'a à en recevoir de personne, pas même de son client
que la loi considère comme mineur et qui n'a garde
de l'oublier quand il s'agit de se plaindre en justice.
Par conséquent, un propriétaire qui exigerait la présence d'un inspecteur spécial s'exposerait à deux
désagréments : En premier lieu, l'architecte pourrait
s'y opposer, parce que la loi le déclarant responsable,
ne l'oblige pas d'obtempérer a cet égard à l'injonction
du propriétaire ; En second lieu, le propriétaire s'exposerait à supporter les frais de cette inspection extra-
conditionnelle.

115. Bien entendu, s'il y avait convention formelle
à cet égard, l'architecte serait mal fondé à refuser

l'exécution d'un contrat qu'il aurait volontairement souscrit.

116. En tout cas, l'inspecteur placé sur un chantier, ne peut relever que de l'architecte, qui seul, a le droit de commander, d'ordonner ; et au besoin, peut provoquer l'expulsion de l'agent ne se conformant pas à ses ordres et injonctions. D'où la conclusion, qu'en cas de conflit entre l'inspecteur payé par le propriétaire, et l'architecte : ce dernier aurait incontestablement le droit de faire procéder au renvoi de l'agent, encore bien que le propriétaire émette la prétention d'être maître chez lui, le *chez lui* d'un propriétaire ne pouvant s'étendre à un chantier en cours de construction dont il n'a pas encore pu prendre livraison.

CHAPITRE IV

PROJETS ABANDONNÉS.

---

§ 1. — Travaux particuliers. — Projets dressés, non approuvés
par le propriétaire.

Quels sont les honoraires dus pour : 1° un groupe de
maisons, 2° une maison de rapport, 3° un hôtel, et
4° pour les autres constructions?

Quid, pour la remise des pièces du projet?

§ 2. — Travaux publics. — Projets abandonnés. — Est-il dû des
honoraires proportionnels, comme en matière de travaux particuliers? — Y a-t-il une distinction à établir,
entre les projets dressés pour le département de la Seine,
et ceux dressés pour les autres départements?

§ 3. — Travaux publics. — Plans et projets dressés par l'architecte d'une ville.

En l'absence de conventions contraires, l'administration
lui doit-elle des honoraires proportionnels?

§ 4. — Projets non exécutés pour une commune ou une ville. —
L'architecte a-t-il un droit de recours contre le fonctionnaire qui l'a commandé? — Fixation des sommes
dues dans ce cas particulier.

Quid, si le projet est exécuté plus tard par un autre architecte.

Devant quelle juridiction l'affaire doit-elle être portée, au
double cas de maintien du maire dans ses fonctions ou
de sa démission?

§ 5. — Projet abandonné. — Par quels moyens l'architecte peut-il valablement établir l'existence du mandat, et l'accomplissement total ou partiel de ce mandat.

§ 6. — Projet non exécuté pour travaux publics ou particuliers.— L'architecte dresse les plans, devis, cahiers des charges, marchés. — Les entrepreneurs déposent leurs soumissions. — Pour une cause étrangère à l'architecte, l'affaire n'est pas suivie. — Quels sont les honoraires dus à l'architecte?

§ 7. — Projet abandonné en cours d'études. — Travaux publics ou particuliers. — A quels honoraires l'architecte a-t-il droit?

§ 8. — Projets non exécutés pour travaux publics ou particuliers. — L'architecte qui dresse plusieurs projets, préalablement au projet définitif, est-il fondé à réclamer une rémunération spéciale pour le dressé des projets non exécutés?

§ 9. — Prévisions dépassées en matière de travaux publics et particuliers. — Un propriétaire charge un architecte de lui faire un projet, mais fixe d'avance la somme à dépenser et déclare formellement qu'il n'ira pas au delà. Après le dressé des plans et devis, l'architecte reconnaît que l'affaire est impossible. — Quels sont dans ce cas, les honoraires qui sont dus à l'architecte?

§ 10. — Projets abandonnés pour travaux à l'étranger. — Ordres de dresser des plans. — Est-il dû des honoraires et une indemnité de déplacement?

CHAPITRE IV

―――

§ 1.

Travaux particuliers. — Projets dressés, non approuvés par le propriétaire. — Quels sont les honoraires dus pour : 1° un groupe de maisons, 2° une maison de rapport, 3° un hôtel, et 4° pour les autres constructions ? — *Quid*, pour la remise des pièces du projet ?

117. La jurisprudence est très-nette, sur le point de savoir si des honoraires proportionnels doivent être alloués pour le dressé des projets et devis, non suivis d'exécution.

La règle, en cette matière, est là même que pour les projets réalisés. Nous voulons dire par là, qu'aucune assimilation ne peut être établie entre les travaux publics et les travaux particuliers. La magistrature des Cours et Tribunaux, s'inspirant de la doctrine de l'arrêt rendu par la Cour de Cassation le 27 décembre 1875 , n'admet pour la tarification du dressé des plans et devis non suivis d'exécution, que l'importance des services rendus. La tarification de l'arrêté du Conseil des bâtiments civils du 12 pluviôse an VIII, inapplicable aux projets réalisés ainsi que nous l'avons démontré au § 1 du chapitre premier, n'est pas non plus applicable aux projets non réalisés.

Nous trouvons l'application de cette doctrine, dans un assez grand nombre de décisions de justice. Parmi ces décisions, nous ne mentionnerons ici que la plus récente ; elle a été rendue le 6 *janvier* 1877 par la cinquième chambre du *Tribunal civil de la Seine*.

Voici dans quelles circonstances de fait est intervenue dette décision :

La ville de Paris a, en 1860, exproprié l'ancien hôtel Laffite pour livrer passage à la rue Lafayette. Cette expropriation atteignait un immeuble historique dont il a été souvent question dans les journaux ; l'hôtel dans lequel Jacques Laffite et ses amis avaient organisé le gouvernement nouveau en 1830. Cet hôtel, témoin de ces conciliabules politiques et de la prospérité financière de son maître, connut des jours plus tristes. En 1835, M. Jacques Laffite dut le vendre, il fut racheté par souscription nationale et maintenu dans le patrimoine de son ancien propriétaire. Les souscripteurs avaient émis un double vœu : que le don fût constaté par une tablette commémorative fixée sur la façade de l'immeuble, et que l'objet de la donation fût assuré aux héritiers de M. J. Laffitte.

Ces deux vœux furent respectés. M. Laffitte donna à sa

fille, mariée au fils du maréchal Ney, l'hôtel et ses dépendances, à la charge par elle de le rendre à ses enfants nés
ou à naître de ce mariage. Le seul enfant survivant de cette
union est l'ex-duchesse de Persigny, aujourd'hui Mme Le-
moine. C'est elle qui est appelée à la substitution dont est
grevée Mme la princesse de la Moskowa.

La Ville de Paris, peu soucieuse d'ordinaire des souve-
nirs historiques, épargna cependant les débris de cet immeuble qu'elle traversait. La princesse de la Moskowa ne
dut céder que le terrain nécessaire à la voie publique, et
conserva le surplus avec 2,000,000 d'indemnité environ.
Le remploi de cette indemnité aurait dû, aux termes de la
loi, s'effectuer en immeubles en priviléges sur des immeubles ou en rentes sur l'État. La princesse désira l'employer
en constructions à élever sur ce qui lui restait de terrain.
Elle eut à convaincre son gendre, le duc de Persigny, et à
vaincre la résistance du tuteur à la substitution, le vieil
ami de son père, M. Odilon Barrot.

Pour obtenir du Tribunal l'autorisation nécessaire, il fallait présenter des plans et devis complets, et les présenter
d'accord avec MM. de Persigny et Odilon Barrot. Mme de la
Moskowa dut abandonner son architecte ordinaire et s'a-
dresser aux hommes qui avaient alors la confiance de M. de
Persigny, MM. Renaud et Mégret. Ils se mirent à l'œuvre
en septembre 1866, dessinèrent des plans, surveillèrent
quelques travaux de démolition, puis étudièrent la reconstruction, dressèrent les plans et les devis descriptifs et
détaillés. Leur travail ne fut pas agréé et ils furent remer-
ciés par Mme de la Moskowa en janvier 1867.

Après avoir attendu plusieurs années, ils ont assigné
leur cliente en payement d'une note dont l'élément principal était un honoraire proportionnel sur le chiffre de la

dépense présumée. Les architectes avaient d'abord réclamé 1 p. 100 sur 2,323,560 francs, chiffre présumé des travaux à édifier, puis plus tard 1 et demi p. 100 sur la même somme. Le Tribunal, par jugement du 3 avril 1875, renvoya l'affaire devant M. Bournichon, expert, qui accorda un honoraire proportionnel, tout en divisant les projets en trois catégories, sur lesquelles il accordait respectivement 1 p. 100, 1 un quart p. 100, 1 et demi p. 100.

L'affaire est revenue devant le Tribunal, entre les mêmes parties, et de plus M. Lavoignat, successeur de M. Odilon Barrot comme tuteur à la substitution, appelé en garantie par Mme de la Moskowa.

Me Mathieu s'est présenté pour MM. Renaud et Mégret; Me Helbronner pour Mme de la Moskowa et Me Massu pour M. Lavoignat, ès noms.

Sur les conclusions de M. le substitut du procureur de la République Angot des Rotours, le Tribunal a rendu le jugement qui suit :

« Le Tribunal,

« Attendu qu'au mois de septembre 1866, les sieurs Renaud et Mégret, architectes, ont été chargés, par la princesse de la Moskowa, des travaux relatifs à la démolition de la propriété, sise rue Laffitte et rue de Provence, et de projets de reconstructions, sur les terrains se trouvant en bordure sur la rue Lafayette, lorsqu'au mois de janvier 1867, elle leur fit savoir qu'elle ne voulait plus se servir de leur ministère ;

« Attendu que Renaud et Mégret ont réclamé pour honoraires de leurs travaux, d'abord une somme de 27,261 fr., puis, par des conclusions additionnelles la somme totale de 40,665 francs ;

« Que sur cette demande est intervenu entre les parties, le 3 juillet 1875, un jugement rendu en cette chambre, qui a commis Bournichon, expert, à l'effet de vérifier les devis et plans et de donner son avis sur les honoraires à fixer;

« Attendu que l'hôtel Laffitte et l'indemnité allouée pour l'expropriation partielle étant grevée de substitution, M. Lavoignat, tuteur à la substitution, a été mis en cause par Mme de la Moskowa, pour faire statuer contradictoirement avec lui sur cette demande d'honoraires; que Mme de la Moskowa demande que les sommes dues aux sieurs Renaud et Mégret soit prises sur celles grevées de substitution;

« Attendu que l'expert, dans son rapport, fixe à 31,116 fr. 25 ce qui serait dû aux sieurs Renaud et Mégret; savoir : 1,951 francs pour la première note d'honoraires relative aux états descriptifs des matériaux et objets à conserver destinés à être remployés, à la vérification des états de lieux, aux cahiers des charges pour l'adjudication des matériaux, vérification des mémoires; 931 fr. 25 pour la deuxième note d'honoraires, composée de vacations, démarches pour demander à la ville certaines autorisations, règlement de mémoires, relevé de plans et surface des constructions; enfin, pour les plans, devis et travaux relatifs aux projets de constructions à élever sur les lots 2 et 3, 1 et demi p. 100; sur les lots 1 et 4, 1 et demi p. 100; sur les lots 5 et 6, 1 p. 100, ce qui fait la somme totale de 28,233 fr. 90;

« Attendu que la princesse de la Moskova conteste cette estimation de l'expert, et prétend qu'il n'y a pas lieu d'admettre la demande complémentaire des sieurs Renaud et Mégret, sauf une somme de 71 fr. 36 pour démarches et vacations, et que un demi p. 100 serait une rémunération suffisante pour le surplus; qu'il faut retrancher des 31,116 fr. 26, 17,476 fr. 40; qu'en conséquence elle ne resterait devoir que 13,639 fr. 86;

« Attendu que Renaud et Mégret acceptent l'estimation de l'expert et demandent l'entérinement du rapport;

« Attendu, en ce qui touche les sommes de 1,951 francs allouées par l'expert sur la première note, et celle de 931 fr. 26 sur la deuxième note, que son appréciation est juste eu égard aux soins, démarches et travaux nécessités par la démolition de l'hôtel dont s'agit, qu'en conséquence il y a lieu d'approuver cette fixation;

« En ce qui touche la somme de 28,233 fr. 90 allouée par l'expert pour honoraires relativement aux plans et devis des constructions à élever sur les six lots de terrain en bordure sur la rue Lafayette :

« Attendu que l'expert pour cette fraction a pris pour base 1, 1 un quart et 1 et demi p. 100 de la somme qui devait être employée d'après les devis de chaque lot;

« Attendu que s'il est d'usage d'accorder aux architectes . 1 et demi p. 100 d'honoraires pour les plans et devis des travaux, cet usage ne peut servir de règle fixe;

« Qu'il appartient toujours aux tribunaux d'apprécier si les honoraires sont en proportion du travail fait et des services rendus;

« Attendu que l'émolument proportionnel n'est que la contre-partie de la responsabilité de l'architecte; qu'en cas de non exécution des projets, il n'y a aucune responsabilité; que, dès lors, l'architecte n'est plus qu'un mandataire dont les services doivent être appréciés, eu égard aux travaux par lui faits et à leur utilité;

« Attendu que les sieurs Renaud et Mégret, pour le travail par eux faits, ne sont soumis à aucune responsabilité, que conséquemment l'estimation de l'expert est exagérée, que d'un autre côté la somme offerte par Mme la princesse de la Moskowa est insuffisante ;

« Que le Tribunal a les éléments pour fixer à 17,276 fr. 25 ce qui peut être légitimement dû de ce chef ;

« En ce qui touche la demande de Mme de la Moskowa contre le tuteur à la substitution :

« Attendu que les honoraires réclamés par Renaud et Mégret se composent : 1° de ceux relatifs à la démolition de la partie de l'hôtel atteinte par l'expropriation ; 2° de ceux relatifs aux constructions à élever sur les six lots de terrain conservés ;

« Attendu que la partie de l'hôtel démolie faisait partie de la substitution ;

« Que les débris conservés en faisaient également partie ;

« Que les dépenses, frais et honoraires qui ont été faits à l'occasion de cette démolition, ont servi à réaliser ou conserver la chose substituée ;

« Qu'en conséquence, ils doivent être supportés par les sommes grévées de la même substitution ;

« Mais en ce qui touche le surplus :

« Attendu que les honoraires de l'architecte qui a fait faire les constructions sur les terrains conservés ont déjà été payés sur l'indemnité ;

« Attendu que c'est par la volonté de Mme de la Moskowa qu'elle a changé d'architecte ; que ce changement n'a servi en aucune façon à la construction et a occasionné une double dépense qui ne peut être supportée par l'indemnité d'expropriation ; que c'est Mme de la Moskowa, par le fait de laquelle cette dépense a été faite, qui doit seule la supporter personnellement ;

« En ce qui touche l'exécution provisoire :

« Attendu que la princesse de la Moskowa se reconnaît débitrice des sieurs Renaud et Mégret d'une somme de 13,639 fr. 86, que jusqu'à concurrence de cette somme, il y a lieu de faire droit à leur demande :

« Par ces motifs.

« Condamne la princesse de la Moskowa à payer à Renaud et Mégret la somme de 20,158 fr. 51, pour solde de leurs honoraires avec les intérêts du jour de la demande ;

« Dit que sur cette somme, 2,882 fr. 26 seront pris sur les fonds grevés de substitution, et que le surplus, 17,276 fr. 25 restera à la charge personnelle de Mme de la Moskowa, etc. »

118. Nous prions le lecteur de vouloir bien remarquer les passages suivants du jugement sus-rapporté, qui ne sont que l'adoption pure et simple de la doctrine établie par l'arrêt de la Cour de Cassation du 27 septembre 1875 :

« Attendu que s'il est d'usage d'accorder aux architectes, pour le « dressé des plans et devis, un et demi pour cent ; que cet usage « ne peut servir de règle fixe.

« Qu'il appartient toujours aux tribunaux d'apprécier si les hono- « raires sont en proportion du travail fait et des services rendus.

« Que l'émolument proportionnel n'est que la contre-partie de la « responsabilité de l'architecte.

119. Dans l'affaire ci-dessus rapportée, Renaud et Mégret architectes ne se trouvaient pas dans les cas prévus par les paragraphes 1, 2, 3, 4 et 5 du cha-

pitre III: les clients avaient demandé qu'ils voulussent
bien étudier un projet, et le soumettre à leur approbation. Le projet dressé ne rentrant pas, à tort ou à
raison, dans les idées des clients et ne leur donnant
pas la satisfaction qu'ils en attendaient, aucune suite
n'a été donnée à ces études. Par conséquent, pas de
responsabilité encourue ni à encourir, puisque les
projets déclarés irréalisables par le propriétaire, à
tort ou à raison, sont devenus à l'état de lettre morte.
L'élément proportionnel de 1 et demi p. 100 comprenant, dans une certaine mesure, la contre-partie du
risque encouru par l'architecte pour responsabilité possible devait donc n'être accepté ici qu'en partie.
C'est ce qu'a voulu dire le Tribunal par l'un des
trois considérants du jugement sus-rappelé. De plus,
dans cette affaire Renaut–Mégret, le projet dressé
comprenait un groupe de bâtiments, composés tous
sur le même modèle; par conséquent, nécessitant
moins de travail que s'il n'y avait eu aucune similitude soit dans la donnée générale des projets, soit
dans le mode de distribution, soit dans les distributions elles-mêmes. Ainsi, il n'est pas douteux que
notamment, les devis avaient dû être établis pour une
partie du groupe et avaient dû être appliqués à
l'ensemble par simple répétition; ce qui d'ailleurs

était reconnu par l'expert : puisque lui-même, dans son rapport, fixait l'élément proportionnel à divers taux, 1, 1 quart et 1 et demi p. 100.

Il faut donc conclure des éléments de la cause *Renaut-Mégret* contre *de la Moskowa*, que le Tribunal, en fixant à $0^f,75$ p. 100 francs le montant de l'émolument proportionnel dû dans ce cas particulier, nous paraît avoir fait une juste appréciation du travail accompli et des *services rendus*.

120. Nous ne saurions trop répéter que la question tranchée par le Tribunal dans l'affaire Renaut-Mégret, n'a aucune similitude avec les cas spéciaux énumérés dans les premiers paragraphes du chapitre III : parce que dans ce chapitre, il s'agit de projets dressés *et réalisés* par un architecte autre que celui qui était l'auteur des projets. Dans le cours de ces paragraphes, nous avons insisté avec juste raison selon nous sur les points suivants :

1° L'architecte évincé avait conçu des projets satisfaisant les besoins du client, puisque celui-ci les avait approuvés.

2° Avant d'arriver à obtenir le bon à exécution du propriétaire, l'architecte avait dû nécessairement se livrer à de longues études, à des modifications nombreuses pour donner satisfaction à son client, etc.

3° L'architecte avait dû s'assurer du concours d'entrepreneurs se déclarant prêts à exécuter les projets, pour le prix indiqué et les conditions posées.

4° Le fait d'évincer un architecte en cours du travail, ou même de l'évincer au moment où les travaux vont commencer, le rend victime d'une mesure vexatoire et en tout cas préjudiciable à ses intérêts et à sa réputation.

5° Enfin, le dressé des projets et devis définitifs, leur acceptation par le propriétaire, le bon pour exécution apposé par l'architecte et le propriétaire sur les pièces du projet, rend l'architecte responsable des vices possibles de son plan, et lui fait encourir un risque.

121. D'où la conclusion que les principes énumérés dans les premiers paragraphes du chapitre III, doivent rester debout et intacts : puisqu'il n'y a aucune analogie possible entre les situations visées dans ce chapitre et les éléments de la cause ci-dessus analysée.

Loin de détruire les principes énoncés dans le 3ᵉ chapitre, touchant le cas d'architecte évincé après avoir

dressé des projets devenus définitifs, la jurisprudence
du Tribunal de la Seine ne fait que les confirmer
dans le jugement du 6 janvier 1877 : puisque le Tribunal vise précisément, dans les considérants, toutes
les particularités que nous venons d'énumérer et de
résumer ci-dessus.

122. Bref et en résumé : pour des projets dressés,
non approuvés par le propriétaire, non réalisables
par conséquent, ne faisant encourir à l'architecte aucune disgrâce, aucune responsabilité, on peut poser
en principe que la tarification de l'élément proportionnel doit être celle-ci :

1° Pour un groupe de maisons, comme dans l'affaire Renaut-Mégret contre de la Moskowa : 75 centimes par 100 francs sur le montant des devis, pour
dressé de plans, coupes, façades et *dressé de devis.*

2° Pour un même groupe, *sans devis dressés* :
50 centimes par 100 francs.

3° Pour une seule maison de rapport, ou pour
deux maisons de rapport n'ayant aucune similitude :
1 et quart p. 100 s'il n'a pas été dressé de devis.

4° Pour des hôtels, travaux de luxe, travaux
d'art, etc. : 2 p. 100 s'il a été dressé un devis, et
1 et demi p. 100 s'il n'a pas été fait de devis; pour

ces sortes de travaux l'établissement des devis est toujours un travail fort long et fort difficile à établir ; aussi, estimons-nous que le devis, pour ces sortes de travaux, doit être payé une fois plus que pour bâ-ments de rapport.

5° Pour toutes autres constructions, telles sont les usines, hangards, constructions légères, etc. : 1 et demi p. 100 compris devis, et 1 et quart p. 100 s'il n'a pas été dressé de devis.

6° Enfin, et bien que nous l'ayons déjà dit précé-demment, s'il s'agit de projets dressés, mais exé-cutés par un autre architecte, reportez-vous aux pa-ragraphes 1, 2, 3, 4 et 5 du paragraphe 3.

123. En ce qui touche la remise des pièces du projet, tout ce qui est prescrit dans les premiers paragraphes du chapitre III, est applicable dans l'es-pèce faisant l'objet du présent paragraphe.

§ 2.

Travaux publics. — Projets abandonnés. — Est-il dû des honoraires proportionnels, comme en matière de travaux particuliers?
— Y a-t-il une distinction à établir, entre les projets dressés
pour le département de la Seine, et ceux dressés pour les autres
départements?

124. Un arrêté du *Conseil d'État*, rendu le
15 *avril* 1878, dans une affaire Robelle vient de
juger :

« Que dans le département de la Seine, les ho-
« noraires d'architectes pour plans et projets non
« exécutés doivent être fixés par application de
« l'arrêté du ministre de l'intérieur du 18 octobre
« 1868 (sur les travaux des bâtiments civils), *sans*
« *égard au montant des dépenses projetées*, et seu-
« lement dans la proportion du travail. L'arrêté du
« ministre des travaux publics du 7 décembre 1811,
« qui fixe le taux des honoraires dus aux architectes
« pour la rédaction des projets, plans et devis à
« 1 et demi p. 100 du montant des travaux n'est
« applicable que dans les autres départements. »

125. Il résulte de cet arrêté du Conseil d'État :

1° Que pour le département de la Seine, l'émolument proportionnel de 1 et demi p. 100, doit être remplacé par une indemnité fixe; 2° que pour les autres départements, l'arrêté du ministre du 7 décembre 1811, fixant à 1 soixantième du montant de la dépense la tarification du taux des honoraires, devait être allouée pour dressé de projets et devis.

§ 3.

Travaux publics. — Plans et projets dressés par l'architecte d'une ville. — En l'absence de conventions contraire, l'administration lui doit-elle des honoraires proportionnels?

Un arrêté du *Conseil d'État* rendu le 18 *décembre* 1878, dans une affaire *Demarles*, vient de juger :

« Que l'architecte d'une ville qui ne reçoit pas
« de traitement, a droit, en l'absence de convention
« contraire, à des honoraires pour les plans et pro-
« jets de travaux non exécutés. »

§. 4.

Projets non exécutés pour une commune ou une ville. — L'architecte a-t-il un droit de recours contre le fonctionnaire qui la
commande? — Fixation des sommes dues dans ce cas particulier. — *Quid*, si le projet est exécuté plus tard pas un autre architecte. — Devant quelle juridiction l'affaire doit-elle être partie,
au double cas de maintien du maire dans ses fonctions ou de sa
démission?

127. Un maire ou un fonctionnaire public quelconque, qui commanderait à un architecte l'établissement de projets et devis en souscrivant un engagement
personnel *serait directement responsable*, s'il n'éta-
blissait pas qu'il y était formellement et *valablement*
autorisé par le Conseil municipal s'il s'agit d'un maire,
et par l'autorité supérieure s'il s'agit d'un fonctionnaire quelconque.

128. Par autorisation valable, il faut entendre :

1° Pour le maire, une délibération du Conseil municipal, prise dans les formes légales, approuvée par
l'administration préfectorale.

2° Pour un préfet ou sous-préfet, par une délibération du Conseil général, dûment approuvée par le
ministre de l'intérieur.

3° Pour tout autre fonctionnaire, par un arrêté pris et rendu en bonne forme par le chef suprême de l'administration à laquelle il appartient.

129. Quant à la fixation des honoraires, reportez-vous au § 3 du présent chapitre.

130. A l'égard de la compétence, tous les arrêts et jugements indiquent que l'action doit être portée devant le conseil de préfecture (*Cour de Cassation* 28 *juin* 1855); même au cas de démission du fonctionnaire (*Conseil d'État* 11 *août* 1852).

§ 5.

Projet abandonné. — Par quels moyens l'architecte peut-il valablement établir l'existence du mandat, et l'accomplissement total ou partiel de ce mandat.

Premièrement. En matière de travaux particuliers.

131. Lorsqu'un propriétaire charge un architecte de dresser les plans sur un terrain qu'il possède, la première pièce devant être remise à l'architecte est incontestablement le contrat de vente. Un architecte, qui ne consulterait pas l'acte d'acquisition du terrain,

commettrait une faute lourde, pouvant lui faire encourir une grave responsabilité : car cet acte seul,
peut lui faire connaître très-exactement les servitudes
imposées par le vendeur, le mode de bâtir, etc. Le
fait d'inobserver ces clauses pourrait causer de graves
ennuis au propriétaire, et par cela même à l'architecte,
qui aurait dû se renseigner à cet égard. D'ailleurs,
pour connaître exactement, la longueur des façades,
la superficie du terrain, la nature du sol, etc., etc.,
tous renseignements que l'on ne peut connaître parfaitement et sérieusement qu'en lisant le contrat
d'acquisition du terrain, l'architecte est tenu de demander communication de l'acte de vente. Par suite,
et pour en revenir à la question qui doit nous occuper
ici, nous mentionnerons tout d'abord, comme un
commencement de preuves par écrit de l'existence du
mandat, la remise du contrat d'acquisition du terrain,
faite par le propriétaire à son architecte.

Comme seconde preuve, l'architecte, en sa qualité
de commerçant, qualité qui lui appartient puisqu'il
est patenté, doit avoir un copie de lettres paginé et
paraphé ; par conséquent, la correspondance échangée
entre lui et le propriétaire peut être le complément
indéniable de la preuve.

Enfin, la preuve testimoniale pourrait être invo-

quée, au moyen d'une articulation de faits, après
l'obtention d'un jugement ordonnant l'enquête.

Il va de soi que des lettres du propriétaire consti-
tueraient le meilleur genre de preuves. L'architecte
fera donc bien, pour parer à tout événement, de
classer avec soin les lettres qu'il pourra recevoir de
son client. Il y a là une arme précieuse à se ménager,
d'autant qu'elle est loyale.

Voilà pour l'existence du mandat; voyons maintenant pour l'accomplissement du mandat.

132. La question, ici, est fort simple. En effet,
où l'architecte a, comme il le dit, accompli son mandat, et dans ce cas le travail fait en est la meilleure
preuve; ou bien il n'a pas fait grand'chose, et alors
étant dans l'impossibilité de produire un projet étudié,
un devis dressé, etc., etc., le fait même de cette non
production suffit pour établir la preuve contre lui. —
Les services rendus, dit l'arrêt de la Cour de cassation du 27 mars 1875, peuvent seuls fournir les éléments nécessaires pour déterminer les émoluments
dus aux architectes, comme à tout autre mandataire.
S'il y a service rendu, il y a travail fait; par conséquent, la preuve en est fort simple à administrer.

Secondement. En matière de travaux publics.

133. La preuve peut s'établir de la même manière
que pour les travaux particuliers ; mais elle serait
plus complète et plus certaine, si elle s'appuyait sur
des lettres de fonctionnaires ou sur des extraits de dé-
libérations, toutes pièces qui ont dû s'échanger avant
toute étude de projet, et qui ont un caractère public.

§ 6.

Projet non exécuté pour travaux publics ou particuliers. — L'architecte dresse les plans, devis, cahiers des charges, marchés.
— Les entrepreneurs déposent leurs soumissions. — Pour une
cause étrangère à l'architecte, l'affaire n'est pas suivie. — Quels
sont les honoraires dus à l'architecte?

134. Dans ce cas spécial, il y a lieu d'appliquer
les principes énoncés au § 1 du chapitre 3, relativement à l'architecte évincé.

La situation de l'architecte évincé est extrêmement
intéressante, et les tribunaux ne manquent jamais de
condamner les propriétaires au payement des honoraires, chaque fois qu'il est démontré par les éléments
de la cause, que l'éviction de l'architecte n'est justi-

fiée ni par son incapacité, son défaut de savoir et son inexpérience, ni par une faute lourde relevée à sa charge.

Le plus souvent, un propriétaire change d'architecte, en obéissant à un caprice ou à la recommandation d'un ami lui lançant dans les jambes l'architecte de son choix. Comme il n'y a là, en somme, qu'une fantaisie, qu'un caprice du propriétaire : fantaisie et caprice engendrant un acte révoltant d'injustice, il est souverainement juste que le propriétaire soit tenu de rémunérer le travail fait par l'architecte évincé, dans les limites énoncées au § 1 du chapitre 3, auquel le lecteur voudra bien se reporter.

Si, après s'être avancé jusqu'à accepter les plans et signé les marchés, le propriétaire recule et déclare renoncer à l'exécution du projet, la situation de l'architecte n'est en rien modifiée; il a droit aux honoraires déterminés au § 1 du chapitre 3.

135. Tout ce que nous venons de dire dans le présent paragraphe, s'applique aussi bien aux travaux publics qu'aux travaux particuliers, excepté pour les travaux du département de la Seine. Voyez, à cet égard, le § 2 du présent chapitre.

§ 7.

Projet abandonné en cours d'études. — Travaux publics ou particuliers. — A quels honoraires l'architecte a-t-il droit?

136. Un projet abandonné en cours d'étude, ne
peut donner lieu à l'allocation d'honoraires, qu'autant que l'architecte peut justifier :

1° Qu'il a passé un certain nombre de vacations,
soit à étudier le terrain, soit à lire le contrat, soit à
s'enquérir de l'alignement, du nivellement, etc., etc.

2° D'un commencement d'études de plans.

L'indemnité, cela se conçoit, ne peut être qu'arbitrée,
en raison du service rendu, dit un jugement rendu le
6 janvier 1877 par le tribunal civil de la Seine. Ajoutons cependant, qu'il est d'usage d'allouer pour
commencement d'études, le quart des honoraires dus
pour dressé de comptes, projets et devis.

137. Tout ce que nous venons de dire, s'applique
aussi bien aux travaux publics qu'aux travaux particuliers, exception faite toutefois pour les projets de
travaux dressés pour le département de la Seine ; voyez
§ 3 du présent chapitre.

13

§ 8.

Projets non exécutés pour travaux publics ou particuliers. — L'architecte qui dresse plusieurs projets, préalablement au projet définitif, est-il fondé à réclamer une rémunération spéciale pour le dressé des projets non exécutés?

La solution de cette question dépend beaucoup des circonstances dans lesquelles les changements ont été opérés.

138. S'agit-il d'idées nouvelles du propriétaire, ne portant que sur des détails, et causées par l'irrésolution qui caractérise presque toujours les idées de celui qui veut faire construire; reportez-vous au § 1 du chapitre 2.

139. S'agit-il, au contraire, d'abandon de projets, trop onéreux pour le propriétaire, sortant du programme par lui tracé : reportez-vous au § 1 du chapitre 4.

140. Ou bien s'agit-il d'abandon de projets, parce que le propriétaire, effrayé au dernier moment, renonce à bâtir; reportez-vous au § 1 du chapitre 3.

Qu'il s'agisse de l'un ou de l'autre de ces cas, applicables soit aux travaux publics, soit aux travaux particuliers : vous trouverez la solution selon l'espèce, dans les trois paragraphes sus indiqués, où sont analysées un certain nombre de décisions de justice, tranchant ces divers points litigieux. — Pour les projets de travaux du département de la Seine, voyez ce qui est dit au paragraphe 3 du présent chapitre.

§ 9.

Prévisions dépassées en matière de travaux publics et particuliers. — Un propriétaire charge un architecte de lui faire un projet, mais fixe d'avance la somme à dépenser et déclare formellement qu'il n'ira pas au delà. Après le dressé des plans et devis, l'architecte reconnaît que l'affaire est impossible. — Quels sont, dans ce cas, les honoraires qui sont dus à l'architecte?

141. Si l'architecte s'est trompé étrangement, c'est-à-dire si le montant du devis excède dans des proportions énormes la somme fixée par le propriétaire comme maximum de la dépense. Si par suite l'architecte a couru l'aventure, il est juste qu'ayant poursuivi la réalisation d'une idée fausse, qu'une simple réflexion devait lui démontrer être chimérique, il doive en supporter la conséquence.

Pour qu'il y ait rémunération d'un travail, il faut
qu'il y ait service rendu. Ainsi l'exige toute la jurisprudence, notamment l'arrêt de la Cour de cassation du 27 mars 1875. Or, quel service aura rendu
l'architecte à son client, s'il lui livre un projet dé-
passant notablement la somme fixée à maximum,
et irréalisable par conséquent? Sans doute le dressé
de plans bien faits, très-bien compris, trop bien
compris même, de façades luxueuses, de coupes
splendides, auront nécessité un travail énorme à
l'architecte, lui auront coûté beaucoup de temps et
d'argent; mais comme, en somme, toutes ces beautés
ne servent à rien au propriétaire, ne lui ren-
dent aucun service, l'architecte en sera pour ses
frais.

Il nous paraît impossible que, dans ce cas particulier, où le propriétaire a fait à l'avance une condition *sine qua non* de la limite de la dépense,
qu'il puisse être tenu de payer quoi que ce soit à
l'architecte, qui a un tort grave à se reprocher
(celui de n'avoir point d'expérience) ; car on peut
ne pas se tromper beaucoup en fait d'estimation de
dépenses pour travaux neufs, si l'on a tant soit peu
l'expérience des travaux de bâtiment.

Si l'écart de la dépense n'est pas considérable,

et si, par conséquent, l'architecte peut établir sa bonne foi; reportez-vous à ce qui est dit au § 1 du chapitre 3.

§ 10.

Projets abandonnés pour travaux à l'étranger. — Ordres de dresser des plans. — Est-il dû des honoraires et une indemnité de déplacement?

142. La solution de la question posée en tête du présent paragraphe vient d'être tranchée, dans le sens de l'affirmative, par jugement du *Tribunal civil de la Seine*, rendu par la 5ᵉ Chambre, le 8 *août* 1878, dans les circonstances de fait ci-après relatées :

MM. le baron Philippe de Bourgoing (député de la Nièvre) et Antony Randon, fermiers concessionnaires de la ville de Naples, passaient, le 4 décembre 1873, avec M. Jules Gorraz, entrepreneur de travaux publics, le traité suivant :

1° de Bourgoing et Randon, par ces présentes, promettent de céder et transporter sous les conditions ci-après, à M. Gorraz qui l'accepte, sous réserve de la justification stipulée article 10 ci-après, tous les droits aux travaux que la ville de Naples doit leur donner, consistant en un mur d'enceinte d'octroi avec toutes ses dépendances, telles que portes-caserne, guérites, maisons de gardes, barrières, etc., et en un chemin de ronde circulaire passant en viaduc sur divers points et accompagnant le mur d'enceinte sur toute sa longueur.

L'évaluation approximative de ces travaux est de quatre millions cinq cent mille francs, sans que la modification, quelle qu'elle soit, puisse invalider la présente promesse de cession et transport.

2° MM. de Bourgoing et Randon, dès que M. Gorraz aura exécuté les obligations qui lui sont ci-après imposées, feront le nécessaire, auprès de la municipalité de la ville de Naples, pour mettre M. Gorraz en leur lieu et place.

3° Pour l'établissement des plans, profils, devis, séries de prix et cahier des charges, l'entreprise s'entendra directement et au mieux de ses intérêts avec la ville de Naples ou avec toutes commissions mixtes qui seraient instituées à cet effet et suivant les usages de la ville de Naples.

9° Tous les frais de voyage et de séjour à Naples seront remboursés immédiatement à l'entrepreneur solidairement par MM. de Bourgoing et Randon dans le cas où, du fait desdits concessionnaires, l'entreprise ne pourrait avoir lieu. Cette indemnité est fixée à un *maximum* de 5,000 fr.

10° La présente promesse de cession et transport au profit de Gorraz devra être réalisée définitivement à Naples, sur le vu de l'ampliation officielle de la délibération et de la décision de la Junte municipale, ainsi que de la remise, certifiée par les concessionnaires ou leur mandataire, de la copie de cet acte qui concède à MM. de Bourgoing et Randon les travaux ci-dessus indiqués, et établit le mode de leur payement et leur durée.

11° La présente promesse de cession et transport sera valable pendant vingt jours à partir du jour de la signature du présent acte, et, faute de résiliation dans ce délai, elle devra être, immédiatement après cet effet écoulé, considérée de part et d'autre, comme nulle et non avenue et de nul effet, et MM. de Bourgoing et Randon rentreront immédiatement et de plein droit dans la pleine propriété et libre disposition de ladite concession de travaux à eux faite par la ville de Naples, sans qu'il y ait besoin d'aucune mise en demeure, ni signification.

Le prix de cette concession était fixé par l'article suivant :

12° Une somme de 400,000 francs, argent de France, sera versée par M. Gorraz à MM. de Bourgoing et Randon au moment de la remise des justifications ci-dessus énoncées sous l'article 10, en une lettre de crédit de tout repos soit au nom de MM. de Bourgoing et Randon, soit à tout autre nom et même au porteur, au choix seul et selon l'indication de ces deux derniers.

Elle devra être payable à Naples, sans aucune diminution ni retenue de Banque, savoir : deux cent mille francs (fr. 200,000) à présentation, et de deux cent mille francs (fr. 200,000) un mois après. Néanmoins, si lesdits travaux dépassaient une somme moindre de quatre millions de francs, la somme de quatre cent mille francs à verser serait diminuée au prorata, et, par contre, si lesdits travaux dépassaient une somme de quatre millions cinq cent mille francs, la somme à verser serait augmentée au prorata de cinq pour cent.

Cette seconde somme serait réglée trois mois après l'adoption du cahier des charges.

M. Gorraz partit aussitôt pour Naples, d'où le 11 décembre 1873, il écrivait à MM. de B. et R. « qu'il attendait les justifications convenues, en échange desquelles l'argent (400,000 fr.) serait immédiatement versé ; » il était félicité de sa ponctualité.

MM. de B. et R. laissèrent expirer le délai de 24 jours,

sans fournir à Gorraz les justifications convenues, de sorte que l'indemnité stipulée pour le défrayer de son aller et retour et de son séjour à Naples, était acquise à M. Gorraz.

MM. de B. et R. ayant envoyé à Naples leur représentant M. le marquis de Lafressange, celui-ci reconnut que, avant toutes choses, la Junte municipale voulait qu'on lui présentât le projet du mur d'enceinte. Sachant que M. Gorraz, par les aptitudes qu'il possédait, pouvait faire ces travaux, M. de Lafressange les lui commanda par un ordre écrit daté du 20 décembre 1873; déjà M. de B., ayant informé M. Gorraz du départ de M. de Lafressange, « avec pleins pouvoirs » l'entrepreneur ne devait hésiter à se mettre en œuvre (M. de Lafressange était, en effet, investi d'une procuration notariée). Dès le 31 décembre 1873, M. Gorraz informait MM. de B. et R. qu'il travaillait assidûment aux études ; et, le 18 février 1874, il avisait ses mandants qu'elles étaient terminées et prêtes à leur être soumises ; il les communiquait à M. Eward Le Glay, le nouveau procureur fondé de ces Messieurs.

A défaut de payement, M. Gorraz dut assigner MM. de B. et R. en payement de : 1° 5,000 francs pour frais de voyage, et 2° de 30,400 francs pour études de travaux, devant le tribunal de commerce de la Seine.

En vertu du jugement par défaut, en date du 24 février 1877, signifié le 3 mai 1877, il prit les mesures d'usage afin de sauvegarder ses intérêts, oppositions entre les mains du fermier de M. de B. et celles de MM. les Questeurs de la Chambre des députés.

MM. de B. et R. ayant ensuite formé opposition audit jugement, et proposé une déclinative de compétence, le Tribunal se déclara incompétent.

M. Gorraz saisit alors le Tribunal civil de sa même demande.

M° Jules Périn, avocat de M. J. Gorraz, entrepreneur de travaux publics, justifie, devant le Tribunal, les deux chefs de demande de son client. Sur le premier (*indemnité de* 5,000 *fr.*), il explique que M. Gorraz s'est rendu à Naples accompagné de plusieurs collaborateurs et emportant son matériel de bureau, ainsi que le comporte une entreprise projetée de 4 à 5 millions, et que c'est du fait de la Régie intéressée, qui s'était laissée arriérer dans le versement des fonds de roulement pour payer le personnel des employés que des difficultés commençaient à s'élever entre elle et la municipalité. Sur le second chef (*travaux d'études*) le mandataire de MM. de B. et R. ne désespérant pas d'aplanir ces difficultés pour obtenir la concession du mur d'enceinte, « surtout écrivait-il, si, comme j'ai lieu de l'espérer, l'entente s'établit entre ces Messieurs et la ville » mit en œuvre M. Gorraz et le chargea de faire les études de terrain, levées, plans, devis, etc., réclamés par l'administration napolitaine. M. Gorraz ayant remontré au procureur de ces Messieurs que son marché ne l'obligeait nullement à un travail de ce genre, M. de Lafressange le reconnut, en lui donnant un ordre exprès qui lui garantît le payement de ces études. Ainsi, la première convention étant éteinte depuis le 24 décembre 1873, il s'en forme immédiatement une nouvelle, relative à la préparation des études, convention résultant de l'ordre de M. de Lafressange, rapproché de la dépêche de M. de B.; d'ailleurs, par sa dépêche du 3 janvier 1874. M. R. avait ratifié la continuation du séjour de M. Gorraz à Naples pour la confection de ses études. Cette deuxième créance pour 38 kil. d'études d'avant-projet du mur d'enceinte de

la ville de Naples, comptés à raison de 800 fr. par kilom.,
soit 38 × 800 = 30,400 fr., taux d'honoraires ordinairement payés aux ingénieurs chargés de ces études préparatoires ; l'auteur de ces études a dù payer de ses deniers le
personnel indispensable de chaîneurs, porte-mires, etc.

(L'avocat met sous les yeux du Tribunal les cahiers de
charges, devis descriptif et estimatif, profil en long (de
terre et de mer), plan général du projet, ouvrages d'art,
plans de détails, etc.) L'avocat ajoute que la demande ne
paraîtra pas exagérée, quand on saura comment M. Gorraz
a été traité pour trois malheureux dessins confectionnés par
le sieur Georges, architecte, son employé, et ne constituant
pas même la centième partie des études de M. Gorraz.
Assigné par le sieur Georges devant le Tribunal de commerce, M. Gorraz fut condamné à payer ces détails la
somme de 3,916 fr 75 c. ! Si les prétentions de M. Gorraz
étaient basées sur un taux semblable, cette seule affaire
serait une fortune ! Que M. R. ne vienne pas prétendre
qu'il n'était plus en puissance de l'affaire des octrois, qu'il
en était dépossédé ; si la ville de Naples avait fait prononcer la résiliation du traité, avec attribution du million de
cautionnement par le Tribunal de 1re instance, la Régie
intéressée avait interjeté appel, et elle espérait triompher
en appel ; d'ailleurs, M. de B. devait connaître la situation
beaucoup mieux que M. Gorraz. L'arrêt de la Cour de
Naples ne fut prononcé que le 22 mars 1874. — M. Gorraz
ne saurait être passible de dommages-intérêts pour les
mesures propres à sauvegarder ses intérêts, qu'il a prises
envers ses débiteurs ; ces oppositions ont été formées en
vertu d'un titre régulier, un jugement par défaut signifié et non frappé d'opposition. Lorsque le Tribunal de
commerce se fut déclaré incompétent, M. Gorraz s'em-

pressa de donner mainlevée des oppositions par lui pratiquées.

M• Fromageot, avocat de M. de Bourgoing, contestait le premier chef de demande, en articulant que si l'affaire avait manqué, c'était par une circonstance indépendante de la volonté de son client ; et, sur le second chef, il alléguait que si M. Gorraz était resté à Naples et s'était livré à ces études, c'était en vue d'asseoir une nouvelle société sur les ruines de l'ancienne.

M° Chenal soutenait le même système au nom de M. Randon.

Le Tribunal, jugeant en premier ressort :

Attendu la connexité, joint la demande en payement formée par Gorraz contre de Bourgoing et Randon à celle de mainlevée d'opposition formée par ces derniers contre Gorraz, et statuant sur le tout par un seul et même jugement ;

En ce qui touche la somme de 5,000 francs réclamée par Gorraz pour frais de voyage et de séjour à Naples ;

Attendu qu'aux termes d'un acte sous signatures privées en date à Paris du 4 décembre 1873, enregistré à Paris le 10 janvier 1878, folio 32, verso 38, case 9, de Bourgoing et Randon, concessionnaires de la Régie des Octrois de la ville de Naples, se sont engagés à céder à Gorraz, entrepreneur de travaux publics, l'entreprise qu'ils espéraient obtenir de la construction du nouveau mur d'enceinte de ladite ville, moyennant une somme de 400,000 fr., que devait leur verser le demandeur ;

Attendu que cette promesse de cession était subordonnée à la condition que ladite entreprise fût accordée par la ville de Naples à de Bourgoing et Randon, et devait être considérée comme non avenue si elle n'était point réalisée dans un délai de 20 jours à partir du 4 décembre 1873 jour de la signature de la convention;

Attendu que, des difficultés étant intervenues entre la ville de Naples et de Bourgoing et Randon, la convention dont s'agit n'a pas été réalisée dans les délais convenus et n'a pu recevoir d'exécution, à l'exception toutefois de la clause contenue à l'article 9;

Attendu qu'aux termes de cet article, tous les frais de ce voyage et de séjour à Naples de Gorraz devaient lui être remboursés immédiatement dans le cas où, du fait des concessionnaires, l'entreprise ne pourrait avoir lieu, et que l'indemnité due à Gorraz a été fixée à un maximum de 5,000 fr.;

Attendu qu'en conformité de cette clause, Gorraz s'est rendu à Naples avec le personnel qui lui était nécessaire et qu'il y a séjourné du 11 décembre 1873 à la fin de mars 1874;

Attendu, dès lors, que ce premier chef de demande ne peut être l'objet d'aucune contestation et se trouve pleinement justifié;

En ce qui touche les 30,400 fr. réclamés par Gorraz pour travaux d'études relatives au mur d'enceinte de la ville de Naples;

Attendu que les défendeurs soutiennent que, dès son arrivée à Naples, Gorraz a su, d'une manière certaine, quelle était la véritable situation de la Régie des Octrois, et qu'il n'y avait pas à compter sur l'entreprise de la reconstruction du mur d'enceinte, ni, par conséquent, sur la réalisation de la convention du 4 décembre; que, cependant, Gorraz s'est bien gardé de les éclairer et s'est, au contraire, appliqué à prolonger leur erreur et à réclamer l'exécution du contrat qu'il savait inexécutable;

Mais, attendu que les allégations de de Bourgoing et Randon ne sont pas justifiées par les documents de la cause ; que, sans doute, Gorraz a pu connaître les difficultés qui existaient entre la municipalité de Naples et les concessionnaires de la Régie d'octroi ; mais qu'il a pu croire aussi que les difficultés seraient levées ;

Que les défendeurs avaient un intérêt tout considérable à les surmonter, puisqu'ils avaient versé un cautionnement d'un million entre les mains de la ville de Naples ;

Que cela est si vrai qu'au mois de mars 1874, après le retour de Gorraz à Paris, de Bourgoing cherchait encore à ressaisir cette affaire et à trouver les fonds nécessaires pour la mener à bonne fin ; Que les pièces versées au procès démontrent que Gorraz, d'accord avec lui, s'occupait de lui trouver pour cela des capitalistes ;

Attendu que, dans cet ordre d'idées, il n'est pas étonnant qu'au 20 décembre 1873, de Bourgoing ait envoyé à Naples le marquis de Lafressange, son mandataire, pour s'entendre avec la municipalité de cette ville ;

Attendu qu'il résulte des documents de la cause et notamment d'une lettre de Lafressange, auquel de Bourgoing avait donné pleins pouvoirs à cet effet, que Gorraz a été chargé par ledit Lafressange de procéder, dans l'intérêt de ses mandants, à des études préliminaires sur la construction du nouveau mur d'enceinte et suffisamment sérieuses pour leur servir de base et leur permettre d'asseoir leurs projets et d'amener un résultat ;

Attendu, en droit, qu'aux termes de l'art. 1998 du Code civil, le mandant est tenu d'exécuter les engagements contractés par le mandataire, conformément au pouvoir qui lui a été donné ;

Attendu, d'ailleurs, que de Bourgoing n'a pas ignoré ces

études, puisqu'à la fin de décembre Gorraz lui faisait part
qu'il y travaillait assidûment et qu'il n'a pas protesté, et
qu'au mois de février suivant, Gorraz l'informait encore que
ses études étaient terminées et le priait, en même temps,
de donner des ordres à son mandataire, à Naples, de lui
régler le compte de sa situation; sans que cette demande
d'argent ait été l'objet d'une protestation de la part du
défendeur;

Attendu, dès lors, que Gorraz doit être indemnisé par
de Bourgoing et Randon du travail auquel il s'est livré, et
que cette indemnité, si elle doit être proportionnée à l'importance des études, doit cependant être renfermée dans
les termes du mandat limité qu'il avait reçu;

Que le Tribunal possède les éléments nécessaires pour
lui allouer la juste rémunération qui lui est due, sans
qu'il soit besoin pour cela de recourir à une expertise;

*En ce qui touche la demande reconventionnelle de de Bour-
going et Randon et les mesures conservatoires prises par
Gorraz;*

Attendu qu'en vertu du jugement de condamnation par
défaut qu'il avait obtenu contre les défendeurs, et qui a
été régulièrement signifié, Gorraz avait le droit de former
opposition sur de Bourgoing, et de prendre inscription
sur les immeubles de ses débiteurs;

Attendu qu'à la suite du jugement d'incompétence rendu
sur l'opposition de de Bourgoing, Gorraz a donné mainlevée des saisies-arrêts qu'il avait pratiquées, et que s'il n'a
pas donné mainlevée des inscriptions prises contre ses débiteurs, il faut remarquer qu'elles ne lui ont pas été deman-
dées, et que de Bourgoing et Randon ne justifient d'aucune
mise en demeure à cet égard; que, d'ailleurs, il n'est pas
établi que ces inscriptions leur aient causé aucun préjudice;

Qu'il y a lieu, toutefois, ainsi qu'ils le demandent, de donner mainlevée desdites inscriptions, à défaut par Gorraz de le faire dans un certain délai.

Attendu, d'autre part, qu'il convient de maintenir la nouvelle opposition qui a été formée régulièrement sur de Bourgoing, entre les mains du sieur Cordier, fermier à Mouron (Nièvre), suivant exploit du ministère d'Épailly, huissier près le Tribunal de Cosnes, en date du 16 février 1878, en vertu du traité du 4 décembre 1873 ;

Qu'il est constant pour le Tribunal qu'à l'époque où cette opposition a eu lieu, ladite convention devait être considérée par les parties comme non avenue, et que le droit de Gorraz à l'indemnité de 5,000 francs, était incontestable ; — Qu'il résulte de toutes ces considérations que Gorraz n'a fait qu'user de son droit en prenant des mesures conservatoires contre ses débiteurs, et ne doit, par conséquent, aucuns dommages-intérêts aux défendeurs, dont la demande reconventionnelle doit être repoussée ;

Par ces motifs : Condamne de Bourgoing et Randon conjointement et solidairement à payer à Gorraz, pour les causes susénoncées : 1° la somme de 5,000 francs pour frais de voyage et de séjour à Naples, sur laquelle il y a lieu, toutefois, de déduire la somme de 500 francs, payée à valoir par de Bourgoing ; 2° la somme de 10,000 francs pour honoraires des études auxquelles il s'est livré pour la construction du nouveau mur d'enceinte de la ville de Naples ;

Et statuant sur la demande reconventionnelle de de Bourgoing et Randon, en mainlevée d'opposition et en 2,000 fr. de dommages-intérêts.

Les déclare mal fondés dans leur demande, fins et conclusions, les en déboute. Ordonne, toutefois, que, dans

la huitaine du présent jugement, Gorraz donnera mainlevée des inscriptions qu'il a prises sur les immeubles de
de Bourgoing et de Randon. Sinon et faute par lui de ce
faire dans ledit délai, prononce la mainlevée pure et simple,
entière et définitive, et ordonne la radiation de l'inscription
prise au bureau des hypothèques de Versailles, sur Randon
le 9 avril 1877, volume 959, n° 18, à quoi faire seront les
conservateurs auxdits bureaux contraints, quoi faisant
déchargés. Sur toutes les autres fins, moyens et conclusions des parties, dit n'y avoir lieu de statuer ;

Condamne solidairement de Bourgoing et Randon aux
dépens, dont distraction est prononcée au profit de Milliot,
avoué, qui l'a requise sous l'affirmation du droit.

Ordonne l'enregistrement, aux frais de de Bourgoing et
Randon, de la lettre du 20 décembre 1873, du marquis de
Lafressange, contenant les pouvoirs donnés à Gorraz.

CHAPITRE V

MARCHÉS A MAXIMUM ET A FORFAIT.

----

§ 1. — Marchés à forfait. — Encore bien qu'il n'y ait pas lieu à vérification de mémoires en fin du travail; l'émolument proportionnel de 5 p. 100 doit-il être maintenu?

Pour ces sortes de marchés, l'architecte n'a-t-il pas au contraire un surcroît de travail causé par l'établissement des devis, cahiers des charges, etc., etc.?

Quid, pour les travaux en dehors du forfait?

Quid, pour ceux en moins du forfait?

§ 2. — Marchés à maximum. — Ces sortes de marchés entraînant tout d'abord la fixation d'un chiffre maximum à forfait, puis ensuite en fin de compte, la vérification des travaux, les honoraires habituels de 5 p. 100 sont-ils applicables à ces sortes de marchés?

§ 3. — Marchés à forfait *ferme* ou à maximum. — *Quid*, si le propriétaire change l'économie complète du marché en modifiant en grande partie les conditions arrêtées par le cahier des charges?

§ 4. — Marché à forfait *ferme* ou à maximum. — L'architecte qui, sans le consentement du propriétaire, modifie les projets arrêtés et signés, est-il passible d'une retenue sur ses honoraires, à titre de dommages-intérêts?

§ 5. — Lorsqu'un bâtiment isolé d'un ou des deux côtés est construit à forfait ferme ou à maximum. — Est-il dû des honoraires à l'architecte sur la valeur des demi-mitoyennetés dont le recouvrement est abandonné à l'entrepreneur?

14

CHAPITRE V

§ 1.

Marchés à forfait. — Encore bien qu'il n'y ait pas lieu à vérification de mémoires en fin du travail; l'émolument proportionnel de 5 p. 100 doit-il être maintenu? — Pour ces sortes de marchés, l'architecte n'a-t-il pas au contraire un surcroît de travail causé par l'établissement des devis, cahier des charges, etc., etc? — *Quid*, pour les travaux en dehors du forfait? — *Quid*, pour ceux en moins du forfait?

143. Si les marchés à forfait dispensent les architectes de vérifier les mémoires de travaux, par contre ce mode de traité (fort en usage aujourd'hui, même dans les administrations publiques) nécessite à l'architecte un surcroît de travail pour l'établissement du devis estimatif, du devis descriptif, du cahier des charges et du marché.

Lors d'un traité sur série de prix, l'architecte n'a pas besoin d'établir un devis estimatif avec une précision telle que chaque partie des ouvrages à exécuter doive être détaillée comme mesurage, comme prix

et comme sous-détail. Point n'est besoin non plus,
de le détailler par chaque corps d'état.

Si, au contraire, le traité est conclu à forfait, il
ne faut plus procéder comme ci-dessus, c'est-à-dire
par groupements, par estimations en bloc. Le devis,
dans ce cas, doit être un véritable métré revu et
vérifié, fixant la dépense non plus par approximation,
mais bien d'une façon nette, précise et complétement
exacte. Un devis ainsi établi, équivaut très-certainement comme temps passé, à une vérification des mémoires et au règlement des comptes. Mais ce n'est pas
tout, ce devis n'est qu'un des éléments devant servir de
base au traité à forfait. En effet, l'entrepreneur ne
traite pas sur ce devis estimatif dressé par l'architecte
pour son édification personnelle, mais fait son traité
sur un devis appelé « *devis descriptif* » lequel doit
être dressé par l'architecte et doit contenir : 1° l'énu-
mération du système général adopté pour les constructions à édifier : 2° la description totale et détaillée des
ouvrages à faire : 3° la nomenclature des matériaux à
employer ; 4° la qualité et la nature de ces matériaux ; 5° la force des bois, fers, fontes, zinc, plomb,
etc ; 6° la marque exigée pour les produits fabriqués
comme quincaillerie notamment et tous autres objets
brevetés ; 7° et cette infinité de détails de toutes

natures formant l'accessoire des ouvrages principaux, par chaque corps d'état. Un devis descriptif, fait avec le soin voulu, la clarté désirable, aussi complet que possible, exige un savoir et une expérience peu ordinaires. Savoir décrire d'une façon sommaire tout ce qui sera exécuté, ne laisser à l'imprévu absolument rien, être clair, précis, être exigeant dans les limites de la raison, prévoir à l'avance toutes difficultés, tous embarras, les prévenir surtout : tout cela exige une sûreté d'appréciation et l'application de connaissances théoriques et pratiques fort étendues. En tout cas, un tel travail est payé fort cher aux hommes spéciaux « les vérificateurs » qui, le plus souvent en sont les auteurs. D'où il faut en conclure, que quand bien même l'architecte ne dresserait pas le devis estimatif dont est parlé plus haut et apprécierait sommairement l'importance des travaux, le fait seul de dresser le *devis estimatif* contenant la description générale des travaux prévus, suffirait pour équivaloir (comme travail et comme service rendu) au règlement en fin de travail.

Mais ce n'est pas tout encore. Nous venons de dire que l'architecte devait établir deux devis, l'un estimatif, l'autre descriptif. Eh bien, pour le traité à forfait, il lui faut encore préparer et établir une

troisième pièce au moins aussi importante que les
deux devis; cette troisième pièce s'appelle le « *cahier
des charges générales et particulières* »; c'est-à-dire
un cahier comprenant les renseignements : 1° sur
l'état du sol; 2° sur la provenance des matériaux;
3° sur la manière de les mettre en œuvre; 4° sur les
dosages des mortiers; 5° sur l'emploi du personnel;
6° sur les mesures préventives et coercitives à prendre
au cas de vices de construction et de malfaçons;
7° sur les frais généraux et frais divers mis à la charge
de l'entreprise, etc., etc. Le dressé de cette troisième
pièce exige également beaucoup de savoir et d'expérience. Elle nécessite une grande dépense de temps
pour l'établir.

Mais ce n'est pas tout encore : il faut dresser une
quatrième pièce non moins indispensable que les
précédentes; cette nouvelle pièce qui s'appelle « *le
marché* » relate les délais d'exécution, le mode de
payement, de réception de travaux, etc., etc. Puis
enfin, il faut établir une série complète de plans,
coupes, façades, élévation, etc., etc.

Enfin, lorsque le devis estimatif, le devis descriptif, le cahier des charges, le marché et la série
de plans sont établis, ainsi qu'il vient d'être exposé
plus haut; l'architecte est loin d'en avoir fini

avec les mesures préléminaires. Il lui faut encore :
1° faire établir toutes ces pièces sur timbre en autant
d'expéditions que de parties ; 2° recevoir les offres
des entrepreneurs, qui, dans la plupart des cas dépassent
les prévisions de l'architecte ; 3° discuter avec eux, et
pied à pied, chaque article des devis, chaque stipulation du cahier des charges ; 4° fournir tous éclaircis-
sements ; 5° consentir aux modifications nécessaires
pour ramener la dépense au chiffre fixé par le propriétaire, comme maximum de dépenses ; 6° établir
une concurrence entre plusieurs entrepreneurs de
chaque corps d'état ; se renseigner sur leur capacité,
leur honorabilité, leur façon de s'exécuter, etc., etc.

144. Bref, et en résumé (nous pouvons le dire
sans crainte d'être discuté un seul instant), le fait de
construire à forfait nécessite très-certainement à
l'architecte, au moins autant de travail et de débours,
que si les travaux étaient traités sur série de prix.
Et de plus, ce genre de traité l'enchaîne dans un programme tracé à l'avance dont il ne peut sortir sans
compromettre les entrepreneurs qu'il emploie, à
moins d'autorisation formelle et par écrit du propriétaire (art. 1793 du Code civil). Pour rester dans
la limite de la somme prévue et faire face en même

temps à certaines exigences du plan non spécifiées
dans les pièces du marché, l'architecte est quelquefois obligé de remanier certaines parties du projet,
de chercher des combinaisons dont le résultat, avant
tout, doit être l'amélioration, et non l'amoindrisse-
ment de l'œuvre conçue sur l'exécution complète de laquelle le propriétaire est en droit de
compter.

Les forfaits ont certainement pris le grand développement qu'il est facile de constater de nos jours,
parce qu'ils étaient un attrait pour le propriétaire
craintif, irrésolu, voulant limiter la dépense à faire,
tout en exigeant un programme désiré et tracé à
l'avance. Il n'y a aucun mal à cela, mais il n'en est
pas moins vrai que le forfait est une sorte de traité
pratiqué sur une grande échelle depuis une vingtaine
d'années, dans l'intérêt exclusif des propriétaires,
qui obtiennent, par ce moyen, la double satisfaction
à laquelle d'ailleurs ils ont droit, puisque les entrepreneurs y consentent : une limite de la dépense
et un meilleur marché.

Ce double avantage procuré au propriétaire est-il
de nature à justifier la diminution de l'émolument
proportionnel ordinairement alloué pour les honoraires des architectes sous le prétexte fallacieux (on

peut le dire), qu'avec le forfait point n'est besoin de
régler des mémoires ?

Il nous semble que la réponse à une semblable
question, ne saurait faire aucun doute. Et qu'après
ce que nous venons de dire : admettre cette prétention serait le comble de l'injustice et de l'ingratitude.
La raison s'oppose à penser qu'il puisse se trouver
un propriétaire capable d'un tel agissement...!

Les tribunaux d'ailleurs, dans un nombre infini
d'arrêts et de jugements, se sont toujours prononcés
dans le sens que nous soutenons, à savoir : « Que
« l'émolument proportionnel de 5 p. 100 pour ho-
« noraires alloués à l'architecte, en conditions ordi-
« naires, ne doit subir aucune réduction, pour
« les traités à forfait : parce que s'il est vrai que ces
« traités n'exigent pas de règlement de mémoire,
« en revanche ils nécessitent un travail au moins
« équivalent. » *Cour de Paris* 19 *janvier* 1872,
20 *mars* 1874, 18 *décembre* 1876, etc., etc.)

145. A l'égard des honoraires dus pour l'exécution
des travaux exécutés en plus du forfait, il ne peut
y avoir aucune difficulté à cet égard. En effet, ces
derniers travaux doivent être ajoutés au montant du
forfait : puisqu'ils forment un des éléments d'appré-

ciation, et par conséquent la base de fixation de
l'émolument proportionnel dû à l'architecte.

146. Reste la question des travaux exécutés en
moins du forfait. Si ces travaux ne portent que sur
des détails, il faut les décompter et les déduire du
chiffre à forfait pour calculer les honoraires complets
à 5 p. 100; par contre, comme l'établissement du
décompte de ces derniers travaux nécessite à l'architecte un surcroît de travail fort peu agréable à
faire, parce que pour le bien établir il faut consulter
toutes les pièces du marché à l'effet de distinguer
celles des dépenses dues, mais non exécutées : nous
estimons qu'il y a lieu d'allouer de ce chef à
l'architecte, un émolument proportionnel de 2 p. 100
sur le montant du décompte des travaux exécutés en
moins du forfait. Si, au lieu de porter sur ces questions de détail, les travaux exécutés comprennent
une notable partie des prévisions ou la réduction
entière de certains corps d'état : il convient de
procéder selon ce qui est indiquée aux §§ 4, 5, 6, 7
et 8 du Chapitre IV.

§ 2.

Marchés à maximum. — Ces sortes de marché entraînant tout
d'abord la fixation d'un chiffre maximum à forfait, puis ensuite
en fin de compte, la vérification des travaux, les honoraires habituels de 5 p. 100 sont-ils applicables à ces sortes de marchés?

147. Un marché dit « *à maximum* », est une
convention par laquelle un entrepreneur s'engage
envers un propriétaire à exécuter pour le compte de
celui-ci certains travaux prévus sur des plans, coupes, façades, etc, décrits dans un devis descriptif et
un cahier des charges, moyennant une somme fixe et
à forfait ; mais avec cette double condition : 1° obligation prise par l'entrepreneur de remettre en fin
des travaux le mémoire des travaux exécutés (mémoire
devant être réglés sur une série de prix arrêtés
d'avance); et 2° stipulation expresse insérée au marché, que si le chiffre du règlement n'atteint pas le
forfait, le propriétaire ne sera tenu de payer que
le montant du règlement, tandis qu'au contraire si le
chiffre réglé dépasse le forfait, le propriétaire limi-
tera sa dépense au chiffre du forfait.

Le chiffre à forfait, étant la fixation d'une somme
maximum à dépenser, avec stipulation que si cette

somme est dépassée le propriétaire ne payera rien
autre chose : c'est ce que dans l'usage on appelle « *un
marché à maximum* ».

148. Ces sortes de marchés, sont tout à l'avantage
du propriétaire, puisque l'entrepreneur seul prend à sa
charge l'aléa, en ce sens que la somme fixée à forfait ne
lui est payée intégralement, qu'autant que le chiffre du
règlement des travaux atteint le montant prévu à forfait.
Ainsi que nous allons le démontrer plus loin, ces marchés nécessitent pour l'architecte une double besogne.
— En effet, l'architecte doit d'abord disposer tout le
dossier des pièces du marché, comme s'il s'agissait d'un
traité *ferme* à forfait, selon ce qui est indiqué au § 1er du
présent chapitre. Puis, et c'est là où commence la
double besogne, il doit : 1° établir une série de prix,
discuter le rabais, le mode de métré ; 2° en cours
du travail, l'architecte doit relever tous les attachements, prendre les poids des fers, fontes, zinc, etc. ;
3° et enfin, après la remise des mémoires, procéder
à la vérification et au règlement des comptes, aussi
minutieusement et avec autant de soin que si l'affaire
était traitée sur série de prix, puisque le chiffre du
règlement peut constituer un avantage pour le propriétaire s'il n'atteint pas le chiffre du forfait.

149. Aux termes de l'arrêt de la *Cour de cassation du 27 mars* 1875 les honoraires de l'architecte devant être fixés en raison du *service rendu,* il nous paraît découler de cette doctrine le principe de règlement suivant :

1° Pour le premier service rendu au propriétaire : rédaction et confection des pièces du dossier permettant de traiter à forfait et de limiter sa dépense, le propriétaire doit les honoraires habituels de cinq pour cent calculés sur le montant du chiffre à forfait.

2° Pour le second service rendu au propriétaire, consistant à lui fournir la preuve que les travaux exécutés représentent bien le chiffre à forfait ; et que si les travaux ne le représentent pas, il y a lieu de réduire le forfait au chiffre réel du règlement : le propriétaire doit l'émolument proportionnel de deux pour cent sur le montant du règlement des mémoires *avant rabais.*

Ces deux éléments d'honoraires doivent être calculés : 1° celui de 5 p. 100 sur le chiffre à forfait; 2° celui de 2 p. 100 sur le chiffre du règlement, *avant déduction du rabais.* Reportez-vous à cet égard, au § 3 du chapitre 1ᵉʳ.

§ 3.

Marchés à forfait *ferme* ou à maximum. — *Quid*, si le propriétaire change l'économie complète du marché, et modifie en grande partie les conditions arrêtées par le cahier des charges ?

150. Dans ce cas, le travail qu'est obligé de faire l'architecte pour calculer les plus faits et les moins faits, nécessite un soin tout particulier dans l'établissement des décomptes. Un pareil travail étant un surcroît de besogne très-considérable, nous estimons que les honoraires de l'architecte doivent être ainsi calculés :

1° Pour dressé des projets, plans, coupes, façades, etc., 1 et 1/2 p. 100 sur le montant du forfait.

2° Pour dressé des devis estimatif, devis descriptif, cahier des charges, marché, etc., travail équivalant à la vérification des mémoires ainsi que cela est démontré dans le § 1 du présent chapitre, 2 p. 100 sur le montant du forfait.

3° Pour conduite des travaux, 1 demi p. 100 sur le montant des travaux réellement exécutés.

4° Pour l'établissement du décompte des plus faits et des moins faits, 2 p. 100 sur l'ensemble réuni des sommes estimatives de ce décompte ; (travaux en plus et travaux en moins additionnés réunis en même total).

En un pareil cas, toujours fort ennuyeux pour toutes les parties intéressées, il y a lieu de débrouiller une situation fort difficile et très-compliquée. Nous posons en fait qu'un architecte subit plutôt cette situation qu'il ne la désire. En tout cas, et quel que soit le sentiment de l'architecte à cet égard, l'arrêt de la *Cour de cassation du 27 mars* 1875 exige : « que « l'émolument proportionnel de ses honoraires soit « fixé en raison du service rendu au propriétaire « et des éléments de la cause. » Nous avons la conviction d'avoir appliqué ces principes, en adoptant la tarification indiquée ci-dessus.

§ 4.

Marché à forfait ferme ou à maximum. — L'architecte qui, sans le consentement du propriétaire, modifie les projets arrêtés et signés, est-il passible d'une retenue sur ses honoraires, à titre de dommages-intérêts ?

151. Ce point spécial est traité au § 22 du Chapitre II.

Que les travaux soient exécutés à forfait ou sur
série de prix, le principe de responsabilité est le
même. Par conséquent, nous n'avons rien à ajouter
ici à ce qui est mentionné dans le § 22 du chapitre 2.

§ 5.

Lorsqu'un bâtiment isolé d'un ou de deux côtés est construit à forfait ferme ou à maximum. — Est-il dû des honoraires à l'architecte sur les valeurs des demi-mitoyennetés dont le recouvrement
est abandonné à l'entrepreneur?

152. Quelques architectes ont pris l'habitude
d'abandonner à l'entrepreneur le produit du recouvrement des demi-mitoyennetés sur les voisins. Cet
abandonnement diminue, jusqu'à concurrence de la
valeur de la mitoyenneté abandonnée, le montant
du forfait. Dans cette situation, il nous semble
que cette cession doit plutôt être considérée comme
un a-compte versé *en nature* à l'entrepreneur, que
comme une cause réductible du chiffre des travaux ;
et que par suite, les honoraires de l'architecte doivent être calculés sur le montant du forfait augmenté de la valeur de la demi-mitoyenneté abandonnée à l'entrepreneur.

La responsabilité de l'architecte s'étendant aussi bien à la demi-mitoyenneté cédée qu'à la demi-mitoyenneté acquise par son client, il va de soi que les honoraires doivent être calculés sur l'ensemble de la dépense du mur, ainsi que nous venons de le dire.

CHAPITRE VI

NOTA. Pour faciliter les recherches, nous appliquons aux matières de ce chapitre la division par ordre alphabétique.

---

153. ACHAT D'IMMEUBLES. *Assistance de l'architecte au contrat, dressé de plans*, etc., etc. Honoraires dus.

. En raison de l'énorme responsabilité que peut encourir l'architecte pour cette sorte d'opération ne rentrant pas nécessairement dans l'exercice de sa profession, il est d'usage d'allouer demi pour cent d'honoraires, calculé sur le montant du prix de l'adjudication. Cet émolument proportionnel comprend le dressé de tous les devis, le levé des plans du terrain et des constructions, les sondages, les vacations chez le notaire de l'acquéreur, etc., etc.

Un architecte qui commettrait des erreurs grossières, non justifiables par conséquent, serait passible de dommages-intérêts vis-à-vis de son client. C'est précisément

15

à raison de ce risque à encourir que l'usage a adopté le payement d'un émolument proportionnel d'honoraires. En effet, rétribuer un tel travail par l'allocation de vacations eût eu pour conséquence, le plus souvent, de faire payer pour l'estimation d'un immeuble de peu d'importance la même somme que s'il se fût agi d'un immeuble de grande valeur : ce qui eût constitué une anomalie, puisque dans les deux cas, la responsabilité encourue n'est pas la même. Il va de soi qu'une erreur grossière dans l'estimation d'un immeuble, sera d'autant plus considérable que l'immeuble sera important.

D'ailleurs, l'émolument proportionnel n'existe-t-il pas pour les notaires, les avoués, etc., etc. Il est donc juste qu'il en soit de même pour les architectes, dont la situation ne saurait être ni moins intéressante et ni moins précieuse que celle du notaire, par exemple, dont la mission consiste uniquement à traduire en forme de contrat, des conventions arrêtées à l'avance entre les parties, avec le concours de l'architecte.

Moyennant le payement de l'émolument proportionnel de demi pour cent (le notaire ou l'avoué adjudicataire prélèvent un pour cent), le client a le droit de se faire remettre les devis, les levés de plans et un procès-verbal d'estimation de l'immeuble à acquérir. Il est d'usage en effet que l'architecte dresse un procès-verbal d'estimation pour ces sortes d'opérations. Ce procès-verbal doit contenir : l'énoncé de la valeur du terrain, la surface de ce terrain et des parties construites, le genre de constructions édifiées sur ce terrain, son appréciation sur la durée des constructions. L'architecte doit signaler également les servitudes s'il en existe, leur importance, etc. Enfin, le procès-verbal d'estimation doit contenir tous les éléments nécessaires pour calculer aussi justement que possible le revenu présent ou futur de l'immeuble.

Étant donné d'une part, l'importance du travail à faire par l'architecte tant au point de vue technique qu'au point de vue pratique, et d'autre part la responsabilité encourue : nous estimons que l'émolument proportionnel de demi pour cent adopté par les us et coutumes, est loin d'être une rémunération suffisante.

Qu'il s'agisse d'un terrain nu, ou d'un terrain construit, les principes sont les mêmes.

154. ALIGNEMENT. *Tracé des limites du terrain, demande à la ville afin d'autorisation de bâtir*, etc., etc. L'architecte a-t-il droit à des vacations en dehors des honoraires à 5 p. 100.

L'émolument proportionnel de cinq pour cent alloué en conditions ordinaires pour les honoraires de l'architecte, comprend les plans soumis à l'administration pour obtenir l'autorisation de bâtir ; mais il ne saurait en être de même pour les vacations passées par l'architecte à suivre les opérations du géomètre chargé de tracer les limites du terrain, au double point de vue de l'alignement et de la délimitation avec les propriétés voisines.

Pour l'assistance de l'architecte à cette dernière opération, il lui est dû des vacations selon ce qui est indiqué au § 9 du chapitre premier.

155. ARPENTAGE. BORNAGE. Honoraires dus.

Lorsqu'un architecte est chargé par son client de faire ces sortes d'opérations, il a incontestablement le droit de se

faire assister par un géomètre. Les honoraires payés par
lui à cet homme de l'art doivent lui être remboursés par
son client, avec une majoration de cinq pour cent pour
bénéfices et avances de fonds; et de plus, il a droit à une
allocation d'honoraires par chaque vacation employée à ce
travail, selon la tarification indiquée au § 9 du chapitre 1er.

156. BRANCHEMENT D'ÉGOUT. Voyez paragraphe 16 du chapitre II.

157. CHEMINS, ROUTES. Le taux habituel des
honoraires à 5 p. 100 est-il applicable à ces sortes de
travaux?

Lorsqu'un agent du service des ponts et chaussées ou du
service municipal est chargé par une commune, de l'établissement de chemins non classés dans le réseau vici-
nal, les Consils de préfecture et la Cour des comptes
acceptent la tarification des honoraires à raison de cinq
pour cent sur le montant des dépenses effectuées. Par
conséquent, si un tel travail est dirigé par un architecte, au lieu de l'être par un conducteur des ponts et
chaussées ou par un agent voyer, la tarification des honoraires doit être la même. En cela, on se conforme à la
doctrine de l'arrêt de la Cour de cassation du 27 mars 1875,
jugeant que la rémunération doit être accordée selon
le service rendu, et non pas selon la qualité du mandant.

158. CONTENTIEUX. Un architecte conseille à
son client d'exiger une revendication quelconque, soit
d'un voisin, soit d'un entrepreneur, soit de toute autre

personne. Le propriétaire confiant dans ce conseil, intente le procès et succombe. Quelle est la situation de l'architecte au double point de vue des frais exposés et des vacations qui lui sont dues?

L'intervention d'un architecte dans un litige, ne peut avoir qu'un caractère officieux, la loi n'ayant pas en effet institué sans motifs et sans raisons légitimes ce que, dans la pratique, nous appelons les hommes de loi : c'est-à-dire les avocats, les notaires, les avoués, les experts, etc., etc. Par conséquent, et en raison du caractère absolument *officieux* du conseil donné par l'architecte à son client, nous estimons qu'il n'est dû par celui-ci aucun honoraire. Par contre, si le conseil donné et suivi aboutit à un échec plus ou moins onéreux pour le propriétaire, il va de soi qu'en aucun cas, l'architecte (*conseilleur officieux*) ne peut encourir aucune responsabilité de ce chef. D'ailleurs, l'avocat qui perd un procès n'encourt aucune responsabilité. Il ne saurait en être autrement ici.

A l'égard des vacations qui sont faites par l'architecte, soit pour établir des documents demandés par les hommes de loi, soit pour assister le client aux conférences tenues dans le cabinet des hommes d'affaires, il y a lieu d'appliquer la tarification établie au § 9 du chapitre 1er.

159. CONSULTATION ÉCRITE. Quels sont les honoraires dus?

A Paris, et même en province, dans les débats des procès importants, civils ou criminels, il est d'usage de produire des consultations écrites émanant de jurisconsultes, de savants ou d'artistes. Ces sortes de consultations, rédigées en forme de mémoires, exigent un savoir très-grand et une expérience approfondie. Les honoraires alloués pour ces consultations écrites, ne sont déterminées par aucune loi, par aucun règlement. Les auteurs seuls fixent la somme qui leur est due. Il est d'usage de ne les point marchander. Les honoraires ordinairement payés varient entre 500 francs et 10,000 francs. L'importance du litige, la valeur du consultant, sa position sociale, sont autant de motifs pour justifier le plus ou le moins d'honoraires réclamés.

En matière de questions architecturales ou de constructions, les principes de rémunération ne sauraient être différents.

159. CONSOLIDATIONS SOUTERRAINES. Si les consolidations sont faites sous la direction d'un employé de l'administration des mines, le montant de la dépense doit-il entrer dans le total des travaux servant de base au chiffre des honoraires?

Incontestablement oui, et voici pourquoi : quand il s'agit de faire des consolidations souterraines, ce n'est le plus souvent qu'après certaines recherches et certains sondages pratiqués dans le sol, sous la direction de l'architecte. De plus, l'architecte doit remettre à l'administration des mines, non pas seulement un plan, mais encore un projet de consolidation qui doit tenir compte des charges et des efforts de compression sur tel ou tel point particulier. Enfin, quand les travaux sont exécutés, c'est à l'architecte seul qu'il appartient de les régler ou tout au moins de reviser le règlement qui serait fait par l'administration des mines.

Un architecte soucieux des intérêts de son client, ne saurait se désintéresser d'une question aussi importante que celle des consolidations du sol pour deux raisons : la première, c'est qu'il engagerait sa responsabilité, s'il laissait faire une consolidation incomplète ou mal établie ; la seconde, c'est qu'il a un droit incontestable de contrôle sur les sommes engagées. D'où la conclusion, que devant s'occuper de ces travaux d'une façon toute spéciale, et rendant par cela même un service signalé au propriétaire, il est juste que celui-ci lui tienne compte de l'émolument proportionnel de cinq pour cent sur le montant des dépenses relatives aux consolidations souterraines, pour lesquelles dépenses l'architecte encourt, jusqu'à un certain point, un risque de responsabilité et subit un surcroît de travail.

160. DÉMARCHES faites chez l'avoué, l'avocat, l'expert ou chez un confrère, par l'architecte du propriétaire. Est-il dû des vacations spéciales?

Ainsi que nous l'avons expliqué au mot « contentieux » ces démarches doivent se traduire par un certain nombre de vacations à compter selon ce qui est dit au § 9 du chapitre 1er. De même que pour les avoués, ces vacations sont dues à l'architecte aussi bien en cas de gain qu'en cas de perte du procès.

161. EMPRUNT. Démarches et production de pièces pour emprunter. État de situation en cours du travail. Honoraires dus.

Un propriétaire qui veut emprunter pour construire, est assujetti à diverses obligations. Les unes précèdent l'emprunt, les autres accompagnent sa consommation. — Les unes et les autres sont ordinairement remplies par l'architecte du propriétaire.

En premier lieu donc, expliquons-nous sur les obligations préliminaires de l'emprunt : l'architecte doit soumettre une série de plans, discuter et faire accepter les dispositions des plans, le cahier des charges contenant la description générale des ouvrages. Il doit, en un mot, tracer nettement le programme des constructions à édifier. — Pour ce travail préliminaire, il est usage d'accorder à l'architecte une indemnité pour les frais d'expédition des pièces à remettre au prêteur. Cette indemnité varie, cela va de soi, selon l'importance des pièces composant le dossier ; chaque feuille d'expédition de plan, coupe ou élévation est payée 25 francs et chaque rôle d'écriture 1 franc.

En second lieu, lorsqu'il est spécifié dans le contrat d'emprunt que les sommes ne seront versées qu'au fur et à mesure de l'avancement des travaux sur des états de situation dressés et vérifiés, il est dû à l'architecte, un émolument proportionnel selon ce qui est spécifié au § 11 du chapitre Iᵉʳ.

162. ESTIMATION D'IMMEUBLES. Rapport fixant la valeur d'un immeuble, soit pour acquérir, soit pour consentir un prêt. Honoraires dus.

Reportez-vous à ce qui est dit plus haut au mot « *Acquisition d'immeubles.* »

Nous répéterons ici qu'une estimation d'immeubles doit donner lieu à la présentation au propriétaire d'un procès-verbal détaillé contenant des indications sommaires, mais précises sur la surface du terrain, sur sa valeur, sur l'importance des parties construites, sur leur nature et leurs vices possibles, sur les servitudes existantes, et enfin sur le revenu présent et futur de l'immeuble.

163. ÉTATS DE LIEUX faits contradictoirement, ou établis par un seul architecte.

Pour *États de lieux* régulièrement établis, faits en circonstances ordinaires et sans déplacement, il est dû, pour chaque rôle de 25 lignes à la page et compris la première expédition :

En cas de rédaction par un seul architecte. . 3 f. 00
En cas de rédaction contradictoire et simultanée par deux architectes. 4 00
Pour chaque expédition en plus, par rôle . . 0 50
Pour tous états de lieux et estimations de matériel d'établissements agricoles ou industriels, des théâtres, des usines, etc., et, pour plans ou dessins y annexés, contre-vérification, révision ou modification d'anciens états de lieux, par vacation, après estimation. 8 00

Le 2 juillet 1876, la Société centrale des architectes a décidé : « Que le prix d'un état des lieux, régulièrement établi dans les circonstances ordinaires *et sans déplacement,* doit être payé pour chaque rôle, et compris les deux expéditions. . . . . 3 fr. 50
Chaque expédition en plus, le rôle. 0 50

Les déplacements pour états de lieux (rédaction et véri-

fication) donnent droit, en sus des prix du rôle ci-dessus
mentionnés, à toute demande d'honoraires et de frais,
conformément au Tarif des expertises près les Tribunaux,
ci-dessous rapporté :

Pour chaque vacation de trois heures de tout architecte,
Expert ou Artiste opérant dans le lieu de leur domicile ou
dans la distance de deux myriamètres, il est dû :

Dans le département de la Seine. . . . .   8 f. 00
Dans les autres départements.   6   00

Au delà de deux myriamètres, il est alloué pour chaque
myriamètre à titre de frais de voyage et de nourriture, soit
pour aller, soit pour retour;

Aux architectes et artistes de Paris.   6   00
A ceux des départements.   4   50
Pour quatre vacations par jour sans déplace-
ment :
Aux architectes et artistes de Paris.   32   00
A ceux des départements.   24   00

S'il y a moins de quatre vacations, la réduction est proportionnelle.

164. EXPOSITION, TRAVAUX D'INSTALLA-TION. Honoraires dus.

Ces sortes de travaux nécessitent beaucoup de frais de
surveillance. Ils exigent de plus des connaissances spéciales. Dans ces circonstances, il convient de le ranger
parmi l'ameublement, autrement dit parmi les travaux
d'art. Par conséquent, la tarification indiquée au § 8 du chapitre Ier, est seule applicable.

165. EXPROPRIATION. Dossier préparé par l'architecte. Honoraires dus.

Un dossier d'expropriation bien préparé et bien complet doit contenir les indications suivantes : le plan exact du terrain, des constructions, le mesurage en superficie, la description du genre de construction, l'indication exacte du revenu présent et futur. Ces divers renseignements doivent servir de base, pour l'estimation de l'indemnité à réclamer. — Les honoraires dus à la personne chargée de préparer le dossier, doivent être les mêmes que ceux indiqués plus haut, au mot « *Acquisition d'immeubles.* »

166. GÉRANCE D'IMMEUBLES. Honoraires dus en dehors des travaux exécutés.

En ce qui concerne particulièrement la *gérance* d'immeubles proprement dite, lorsqu'il s'agit d'affaires ne rentrant pas dans les attributions de l'architecte, comme, par exemple : la rédaction de baux, une assistance comme conseil, des perceptions de loyers, des recouvrements à opérer et des payements à faire à des entrepreneurs et fournisseurs, toutes choses pour lesquelles un propriétaire aurait pu s'adresser à un tiers auquel il aurait alloué une rémunération : les tribunaux ont jugé que cette indemnité serait due également aux architectes, d'autant plus que, lorsqu'il s'agit de manipulation de fonds, l'architecte est exposé à des erreurs de comptes, à des vols, dont il est responsable vis-à-vis du propriétaire.

Il arrive souvent il est vrai, qu'un architecte, en raison de travaux importants dont il est chargé, ou des rapports d'intimité qui existent entre lui et son client, se prête aux

convenances, aux désirs du propriétaire, sans avoir l'intention de lui demander une rétribution particulière : mais
cela ne comporte pas, de sa part, la renonciation à son
droit d'élever toute réclamation, au cas échéant, comme,
par exemple, s'il s'élève entre eux quelque difficulté qui
interrompt tous bons rapports et que, l'un et l'autre rentrent
dans la plénitude de tous leurs droits pour les faire valoir au
mieux de leurs intérêts.

Même dans ce cas, et pour que l'architecte n'eût aucune
réclamation à faire, il faudrait qu'il se fût engagé à gérer
gratuitement l'immeuble.

Nous conclurons donc de ces divers faits : « Que tout
« architecte qui aura été chargé d'une opération quelcon-
« que, qui ne rentre pas dans les attributions d'architecte,
« a le droit de réclamer une rémunération à part pour ces
« opérations. Et que cette rémunération doit être calculée
« sur le taux d'usage qui serait accordé pour tout autre
« *négotiorum gestor.* »

Dans ce cas, c'est-à-dire lorsqu'un architecte, qui, par
suite de ses connaissances personnelles, le rendant apte à
bien gérer un immeuble et à le maintenir en bon état d'entretien, accepte d'un propriétaire le mandat de gérer son
immeuble, il ne peut être question d'*honoraires*, proprement dits, pour ces services ; ce mot d'honoraires doit être
réservé pour la seule rémunération applicable aux travaux
qu'il a fait exécuter, ainsi que nous le verrons ci-après.

Lorsque la rémunération n'a pas été débattue de gré à
gré entre les parties, il y a lieu, ainsi que nous venons de
le dire, de s'en référer à l'usage, c'est-à-dire au taux habituel de ces services rendus par tous hommes d'affaires. Or,
cette rémunération se calcule sur le revenu, à raison de
4 p. 100 pour les gérances importantes et faciles, et de

5 p. 100 pour les gérances difficiles (dans les quartiers ex-
centriques).

Nous ferons remarquer, au point de vue de la **preuve** de
ce mandat salarié, qu'il ne faut pas perdre de vue, que les
règles qui régissent le mandat sont rigoureuses, en ce sens
que « le mandat est considéré comme gratuit, s'il n'y a
convention contraire. » (C. civ., art. 1986.)

Il est donc plus prudent de convenir avec le propriétaire de la rémunération de ces services, préalablement
à toute immixtion dans ses affaires.

Si « l'acceptation du mandat peut n'être que tacite et
résulter de l'exécution qui lui a été donnée par le mandataire » (C. civ., art. 1985), cette disposition n'a été insérée
qu'en vue de l'intérêt du mandant, et le mandataire ne peut
se prévaloir de l'exécution par lui donnée au mandat à
l'encontre du propriétaire, prétendu mandant. Celui-ci
pourra donc contester le mandat salarié par divers moyens :
qu'aucun salaire n'a été convenu, qu'il a cru que l'architecte agissait par complaisance, pour conserver sa clientèle
ou à raison de ses bons rapports avec lui, etc.

Quoi qu'il en soit, si le mandat exécuté n'est pas méconnu
par le propriétaire, si le propriétaire consent à le rémunérer, il ne s'agira plus que de régler le compte.

Si, au contraire le mandat est méconnu, c'est au gérant
à établir par pièces écrites, l'existence de ce mandat. Son
copie de lettres, les réponses du propriétaire, la correspondance qu'il a pu échanger avec les locataires, concierge,
entrepreneurs, huissier, avoué, sont autant de preuves
faciles à administrer. Il en est de même des comptes de
gestion, des quittances de sommes remises au propriétaire
ou payées en son acquit, etc., etc.

A l'égard des travaux que l'architecte-gérant aura fait

exécuter, il lui sera dû des honoraires spéciaux, à calculer selon ce qui est indiqué au § 6 du chapitre premier.

Nous engagerons toujours les architectes, dans ce cas, à distinguer du chef précédent de leur réclamation ce qui leur est dû de ce second chef, et à établir leur note d'*honoraires*, absolument comme s'ils ne cumulaient pas la qualité de gérant avec celle d'architecte.

L'architecte doit, en effet, rester architecte, et ne pas se départir des règles de sa profession, quand il fait acte véritable d'architecte !...

167. INCENDIE. *Estimation des dégâts*. Expertise. Assistance de l'architecte aux opérations d'expertise amiable ou judiciaire, pour fixer l'importance des réparations à faire. Honoraires dus.

Lorsqu'un incendie a détruit tout ou partie d'un immeuble *assuré*, il est d'usage de prévenir aussitôt la compagnie d'assurances et de dresser aussi vite que possible le détail estimatif des dégâts.

Pour le dressé de cet état estimatif fait dans des conditions exceptionnellement difficiles et pour l'examen contradictoire de cet état avec l'architecte de la compagnie d'assurances, vacations sur place, au cabinet, etc. : il est d'usage d'allouer l'émolument proportionnel ordinairement alloué pour vérification de mémoires, soit deux pour cent sur l'indemnité accordée par la compagnie d'assurances.

Pour l'exécution des travaux, la tarification est celle du § 6 du chapitre Ier.

168. LEVÉS DE PLANS de terrains ou de bâtiments. Honoraires dus.

L'usage a consacré pour divers travaux, les prix ci-après :

Établissement de plan d'alignement de ville ou village

Levé et opération de détail et d'ensemble sur le terrain, le kilomètre. . . . . 25 f. 00

Rapport en minute cotée à 0,005 . . . . . . 10 00

Travail de cabinet, tracé, étude des aligne-ments et procès-verbal des alignements 10 00

Rapport en expédition à 0,002 avec tous lavis, frais d'alignement, 1ʳᵉ expédition. 10 f. } 15 00

    2ᵉ expédition. 5

Prix total du kilomètre. . . . 60 f. 00

Dans ce prix, se trouve compris la valeur du plan général d'ensemble à 0,005 qu'il est d'usage de placer en tête de chaque album du plan d'alignement.

Les nivellements généraux et de détail qui, très-fré-quemment, accompagnent le plan d'alignement et en font ainsi de véritable plans cotés, sont habituellement payés 40 fr. le kilomètre. Ce prix comprend la valeur de toutes les opérations sur place et de cabinet indiqués ci-dessus pour les plans d'alignement, ils comprennent également l'étude et le rendu des projets, de rectification, de nivelle-ment.

Lorsqu'à ces projets de nivellement viennent se joindre ceux d'établissement d'égouts, le prix ci-dessus de 30 fr. est ordinairement porté à 40 fr.

Quant à ce qui concerne le prix des travaux de relevé et rendu de plans de propriétés, de bâtiments, etc : aucun tarif ne peut être invoqué. L'usage est de se baser sur la quan-tité de vacations employées tant sur le terrain qu'au ca-binet

169. LOCATION. Démarches faites par l'architecte pour conclure une location; honoraires dus
pour ce cas particulier.

Si l'architecte agit comme gérant d'immeuble, reportez-
vous à ce qui est dit plus haut au mot : « *Gestion
d'immeuble.* »

Si, au contraire, l'architecte ne s'occupe qu'accidentelle-
ment d'une ou de plusieurs locations, il a droit à une
indemnité correspondant au nombre réel de vacations
employées, selon la tarification indiquée au § 9 du chapitre I⁰ʳ.

170. LOTISSEMENTS DE TERRAINS.

Un lotissement de terrains exige la conception d'un plan
général, avec l'indication de chemins, de routes, de fontaines, de places publiques, etc., etc. De plus, le lotissement
des terrains doit indiquer les cotes nécessaires pour obtenir
la surface des terrains, et pour implanter les lignes mi-
toyennes et d'alignement.

Il y a donc là un ensemble d'opérations techniques,
demandant une aptitude tout à fait spéciale, pouvant faire
encourir de graves responsabilités en cas d'erreurs. Aussi,
l'usage a-t-il admis que ces sortes d'opérations seraient
rétribuées selon la tarification ci-après :

1° Pour les terrains à la campagne, un franc par cent
francs de la valeur des terrains;

2° Pour les terrains dans les villes, dont la valeur n'atteint pas 50 fr. le mètre : deux francs par mille francs de
la valeur des terrains ;

3° Pour les terrains dont la valeur varie entre 50 et
200 francs le mètre, un franc par mille francs;

4° Enfin, pour les terrains d'une valeur supérieure à 200 fr. le mètre, 50 centimes par mille francs.

Les plans d'ensemble doivent être établis à l'échelle de un millimètre pour mètre, et chaque groupe de terrains doit ensuite être établi à une échelle d'au moins un centimètre pour mètre. Tous les angles doivent être mesurés et cotés par degrés, minutes et secondes; les cotes en tous sens de chaque terrain doivent être indiquées; enfin, les alignements doivent être tracés parfaitement, ainsi que l'établissement des conduites d'eau, de gaz, d'égout, de puits, s'il en existe.

La feuille d'ensemble et les feuilles de division doivent être établies sur papier fort, en double expédition, et être certifiées par l'opérateur, qu'il soit architecte, géomètre ou ingénieur.

171. MALFAÇONS. L'architecte qui assiste l'avoué du propriétaire et suit les opérations d'expertise a-t-il droit à une rémunération quelconque pour son assistance?

1° Si c'est lui qui a dirigé ses travaux?

2° Si c'est un autre architecte qui a suivi les travaux?

Si les malfaçons relevées s'appliquent aux travaux dirigés par l'architecte qui assiste à l'expertise, et doivent être mises à sa charge, même en partie, il va sans dire qu'aucune rémunération ne peut être due à l'architecte.

Si, au contraire; il s'agit de malfaçons relevées dans un travail dirigé par un autre architecte, ou dirigés par l'en-

16

trepreneur ou le propriétaire lui-même : la situation change. Dans ce cas, les frais d'assistance aux opérations d'expertise, comme aussi tous autres frais d'études, de recherches, de sondages, d'estimation, etc., doivent lui être payés selon le nombre de vacations employées, et suivant la tarification indiquée au § 9 du chapitre Ier ; et cela quand bien même le propriétaire succomberait dans le procès intenté. Il en est de l'architecte-conseil comme de l'avoué, comme de l'avocat, comme de tout officier ministériel, dont les frais et honoraires sont dus aussi bien en cas de perte qu'en cas de gain du procès.

172. MALFAÇONS. Estimation et rapport circonstancié. Honoraires dus.

Cette question se rattache à ce qui est dit au mot précédent. Il faut procéder par vacations selon la tarification indiquée au § 9 du chapitre Ier.

173. MEUBLES ET TAPISSERIES. Est-il dû de simples honoraires à 5 p. 100.

Ces sortes de travaux et fournitures doivent être considérés comme les accessoires indispensables d'un travail de luxe ou d'un travail d'art. Par conséquent, il y a lieu d'appliquer les prescriptions contenues dans les paragraphes 8 du chapitre Ier et 18 du chapitre II.

174. MODÈLES. L'architecte a-t-il le droit de réclamer des honoraires pour la confection des modèles grandeur d'exécution ?

Reportez-vous à ce qui est dit au § 10 du chapitre Ier.

175. MONUMENT FUNÈBRE. La construction d'un monument funèbre peut-elle être assimilée à des travaux ordinaires et ne donner lieu qu'à l'allocation des honoraires à 5 p. 100 sur le montant des dépenses?

Les dessins et détails nécessités pour l'édification d'un monument funèbre, sont la plupart de temps, aussi nombreux et aussi compliqués que ceux d'une maison de rapport de plusieurs centaines de mille francs. Et cependant, la somme de travaux effectués ne représente pas la centième partie de cette maison de rapport, dont la construction n'exige ni plus de détails, ni plus de dessins, ni plus de modèles, ni plus d'études, ni plus d'art, ni plus d'expérience.

Cela équivaut à dire que l'émolument proportionnel ne saurait être le même que celui alloué pour une construction ordinaire, ou même pour une construction de luxe.

La Cour de cassation a jugé le 27 mars 1875 que les honoraires de l'architecte devaient être fixés d'après le service rendu et le travail fait par l'architecte. — Par conséquent, et pour se conformer à cette jurisprudence toute récente de la Cour souveraine, les honoraires dus à l'architecte doivent être fixés pour le cas particulier qui nous occupe ici, selon le temps passé par lui et le mérite artistique de l'œuvre.

Il est d'usage d'allouer pour ces sortes de travaux :

1° Une somme fixe de mille francs pour les travaux n'excédant par dix mille francs ;

2° Un émolument proportionnel de dix pour cent, pour les travaux dont l'importance dépasse dix mille francs.

Ces allocations d'honoraires ne sont, la plupart du temps, que la représentation des déboursés faits par l'architecte, soit en frais de dessin, soit en frais de surveillance, de contrôle et de vérification des travaux. Par conséquent, la valeur artistique de l'architecte n'est pas rétribuée, et la contre-partie de la responsabilité qu'il encourt n'existe pas ici.

176. MUR MITOYEN construit sous la direction d'un expert, est-il dû des honoraires aux architectes des propriétaires?

Incontestablement oui, car il est hors de doute que les architectes des propriétaires intéressés suivent les opérations de l'expertise pour y faire prévaloir, chacun en ce qui le concerne, les droits respectifs de leurs clients. — Or, cette assistance aux opérations de l'expert, exige de fréquents dérangements, une étude approfondie des contrats de propriété, une surveillance assidue lors de l'exécution des travaux, un examen approfondi des questions se présentant, la rédaction d'un dire, etc., etc. : il nous semble qu'à moins de procéder par vacation, il est juste et équitable d'allouer aux architectes les honoraires habituels de cinq pour cent. C'est là d'ailleurs un principe adopté par l'usage et par les tribunaux dans plusieurs cas particuliers. (*Cour de Paris* 28 *janvier* 1872, — *Tribunal de la Seine*, 11 *février* 1874, etc., etc).

177. OBJETS BREVETÉS. Sous le prétexte que ces objets n'exigent ni plans, ni devis, le propriétaire peut-il se refuser à payer à son architecte

les honoraires habituels de 5 p. 100 sur le prix d'achat des objets brevetés ?

Il ne peut y avoir de motif suffisant pour porter atteinte à la tarification générale des honoraires, car si l'objet breveté n'exige aucun détail de construction, par contre, l'agencement des parties le recevant, l'encadrant, l'avoisinant, doivent être étudiées d'une façon toute spéciale. — Loin de diminuer le travail de l'architecte, il y a au contraire un supplément d'études nécessitées pour l'appropriation de l'objet breveté. D'ailleurs, les honoraires ont été fixés comme devant porter sur l'ensemble des travaux, sur la masse des dépenses effectuées. Ainsi qu'il est dit au § 8 du chapitre II les honoraires doivent s'appliquer même à des objets achetés par le propriétaire sans le concours de l'architecte. A plus forte raison doit-il en être de même pour les objets brevetés dont l'emploi peut être une cause d'ennui et de responsabilité pour l'architecte, si l'avenir et l'usage de la chose démontrent que l'invention est vicieuse en tout ou en partie.

178. PAYEMENTS AUX ENTREPRENEURS.

L'architecte qui se charge d'être le caissier de son client et de verser pour son compte aux entrepreneurs les sommes qu'il reçoit en dépôt, a-t-il droit à une rémunération spéciale ?

Est-il responsable des payements mal faits ?

L'architecte étant responsable des payements mal faits et des erreurs de caisse qu'il peut commettre dans le cours de la gestion ; étant responsable également de la conservation des reçus, factures acquittées, etc., qui peuvent être soustraites ou détruites, il est hors de doute que le propriétaire doit une indemnité de ce chef.

Quant à la quotité de l'indemnité, il est facile de raisonner par analogie. Un comptable de deniers publics a droit à une remise proportionnelle : 1° de un pour cent jusqu'à 50,000 francs ; 2° de demi pour cent au delà de 100,000 francs ; 3° et de un quart pour cent au delà de 100,000 francs sur les sommes qu'il reçoit ou qu'il paye. Nous estimons qu'il ne saurait en être autrement, pour les frais de gestion d'un architecte qui consentirait à être le caissier et le comptable de son client. Les risques à courir sont nombreux : le vol, l'incendie, la perte, l'erreur, etc., sont autant de causes pouvant déterminer la perte du dépôt.

179. PUITS CREUSÉ. Un pareil travail peut-il être assimilé à des travaux ordinaires, et ne donner lieu qu'à l'allocation du taux habituel de 5 p. 100 pour les honoraires de l'architecte qui dirige ce travail?

De tels travaux engendrent trop de responsabilités pour qu'un architecte consente à s'en charger. La jurisprudence nous fournit des exemples de cas assez nombreux où les constructeurs de puits ont été condamnés à des dommages intérêts considérables. Une maison spéciale de Paris, dont le chef est ingénieur civil, a été condamné il y a fort peu de temps, à payer 15,000 fr. de dommages-intérêts pour n'avoir pas su arrêter le fonçage assez à temps. Quoi qu'il en soit, les honoraires dus pour ces travaux spéciaux ne sauraient être moindres de dix pour cent du montant de la dépense. C'est un usage consacré par la pratique des maisons spéciales.

180. RÉCEPTION DE TRAVAUX. Avis formulé par un architecte n'ayant pas dirigé le travail. Honoraires dus.

C'est là une consultation écrite. Reportez-vous à cet égard à ce qui est dit au mot « *Consultations écrites.* »

181. RÉCLAMATIONS SUR MÉMOIRES RÉGLÉS. L'architecte règle des mémoires, les entrepreneurs réclament, leurs réclamations sont rejetées. Une expertise judiciaire est ordonnée..... L'architecte qui représente les intérêts du propriétaire et assiste aux opérations d'expertise a-t-il droit à des honoraires spéciaux pour vacations à ces opérations?

Si, en fin d'expertise, le règlement de l'architecte est maintenu, le propriétaire lui doit les vacations employées dans le cours de l'expertise, sauf au propriétaire à se retourner contre l'entrepreneur ayant intenté le procès et à lui demander, à titre de dommages-intérêts, le remboursement de ces frais payés par sa faute. Car de même que l'architecte est responsable d'un règlement mal fait ; de même aussi, il ne peut être astreint à défendre gratuitement son règlement, s'il est démontré par l'expertise que la vérification opérée par lui était juste et conforme aux droits des parties.

182. RÉFÉRÉ. Présence de l'architecte assistant l'avoué. Honoraires dus.

Il est dû trois vacations pour chaque audience de référé, selon la tarification indiquée au § 9 du chapitre Ier.

183. RÉPARATIONS LOCATIVES. Dressé de l'état pour le propriétaire, vérification et exécution des travaux. Honoraires dus.

Les honoraires dus de ce chef ne peuvent être réglés qu'au moyen d'une allocation de vacation selon le tarif indiqué au § 9 du chapitre Ier pour ce qui est du dressé de l'état des réparations à faire et de sa reconnaissance sur place. — Pour les travaux à faire, il y a lieu de procéder comme au § 6 du chapitre Ier.

185. RÉVISION DU RÈGLEMENT DES MÉMOIRES, fait par un premier architecte.

Un travail de révision exigeant le même soin, le même temps passé, les mêmes connaissances, la même manière de procéder, etc., etc. que le règlement même : il est hors de doute que dans ce cas, l'émolument d'honoraires qui est dû pour ce travail de révision, doit être le même que pour une vérification ordinaire, c'est-à-dire deux pour cent.

C'est là un point non contestable. Qui dit révision, dit règlement nouveau. Par conséquent : nouveau métrage des mesures, nouvel examen des travaux, des matériaux employés, de la main-d'œuvre, des prix de chaque ouvrage, etc., etc.

Si le chiffre de la révision n'est pas sensiblement inférieur au chiffre du premier règlement, ou même s'il le dépasse, le propriétaire pourra-t-il être tenu à payer les honoraires au même taux ? Incontestablement oui, car quel que soit le résultat final atteint par la révision, le travail fait par l'architecte réviseur n'en reste pas moins le même. Si le propriétaire qui n'accepte pas un premier règlement, charge un architecte de reviser le travail, c'est parce qu'il lui semble que le règlement originaire est entaché de fraude ou simplement d'inexactitude. Si le résultat de la révision démontre que ces suppositions étaient mal fondées, il est juste que le propriétaire défiant supporte la conséquence de l'erreur commise par lui.

Par conséquent, et pour nous résumer sur ce point : 1° les honoraires dus sont de deux pour cent sur le montant des travaux *avant* rabais, s'il s'agit de travaux *particuliers* et *après* rabais s'il s'agit de travaux publics : 2° ces honoraires sont dus, quand bien même le résultat de la révision ne différerait pas sensiblement du premier règlement ou même le dépasserait.

185. SERVITUDES. Estimation et rapport pour rachat. Honoraires dus.

Il s'agit dans ce cas plutôt d'une consultation, que d'une estimation proprement dite. Reportez-vous au mot « *Consultations écrites.* »

186. SOCIÉTÉ. Constitution de société entre di-

verses personnes ; assistance de l'architecte. Lui est–il
dû des honoraires particuliers?

Les honoraires dus dans ce cas particulier se calculent,
comme ceux de tout officier ministériel, à raison de tant
pour cent sur les apports sociaux. — Les notaires prélèvent
un franc par mille franc. Un architecte qui aurait concouru
à la formation d'une société, à l'estimation des apports en
nature, nous paraît avoir droit à la même indemnité proportionnelle.

178. TITRES DE PROPRIÉTÉ. Examen. Hono-
raires dus.

S'il s'agit d'un examen de titres de propriété, fait préalablement à l'exécution d'un projet confié à l'architecte, il ne
lui est rien dû de ce chef. S'il s'agit, au contraire d'un
examen fait pour se rendre compte des droits du propriétaire, dans un procès pendant ou à engager, reportez-vous
au mot « *Consultations écrites.* »

179. USINES. La construction d'une usine peut–
elle être assimilée à des travaux ordinaires, pour la
fixation des honoraires?

L'usage est d'assimiler la construction des usines aux
maisons de rapport. Reportez-vous au § 1er du chapitre Ier.

180. VIABILITÉ. L'architecte qui examine les
décomptes produits par une ville pour frais de viabi-

lité (trottoirs, chaussées, égouts, éclairage, etc., etc.)
est-il fondé à réclamer des honoraires à 5 p. 100 sur
ces dépenses?

Incontestablement oui, ces sortes de dépenses formant
l'accessoire indispensable de la construction d'une maison,
d'un hôtel ou d'une clôture. — D'ailleurs, l'architecte doit
vérifier le métré fourni par la partie demanderesse, l'application des prix, etc., etc.

181. VIDANGE DES FOSSES. L'architecte qui
vérifie les notes de vidanges a-t-il droit aux honoraires habituels de 5 p. 100 sur le montant de la
dépense?

Même réponse qu'au mot « *Viabilité.* »

182. *Observation importante* relative au calcul des
honoraires *avant* rabais.

Aux alinéas 14 et 15 du chapitre Ier, nous avons dit que
les usages, la jurisprudence et les avis de la société cen-

trale des architectes, nous permettaient d'affirmer et de
soutenir que les honoraires des architectes, *en matière de
travaux particuliers*, devaient être calculés en prenant
pour bases :

1° S'il s'agit de travaux traités *au métré*, le règlement
des mémoires *avant* rabais.

2° S'il s'agit de travaux *à forfait*, le montant du *devis*
de l'architecte, *avant rabais* fait par les entrepreneurs. Il
est bien entendu que par ce mot « *devis* », il faut entendre
parler d'un travail sérieux, consciencieux, pouvant soutenir l'examen minutieux, et ne contenant par conséquent
aucune exagération soit comme quantités d'ouvrages, soit
comme prix.

Nous trouvons la confirmation de la doctrine que nous
émettons à cet égard dans un nouveau document *officiel*
portant la date du 25 février 1879. En effet, à cette date,
le conseil municipal de Paris a réglementé le taux des
honoraires qui seraient désormais payés aux architectes
de la ville de Paris. Nous détachons de la délibération
prise à cet effet, le passage suivant, ayant trait au calcul
des honoraires *avant déduction* du rabais :

« Les honoraires d'architectes ne seront passibles
« *d'aucune réduction* en raison des *rabais* consentis
« par les entrepreneurs. »

Si le lecteur veut bien se reporter aux considérants de
l'arrêt de la Cour de cassation du 27 mars 1875 cité
aux alinéas 14 et 15, ainsi qu'à la doctrine soutenue dans
ces deux alinéas : il acquerra, comme nous, la conviction
la plus profonde qu'aucun doute n'est possible sur ce point.

Les Tribunaux en général, la Cour de cassation en par-

ticulier, MM. les juges taxateurs du Tribunal civil de la
Seine, la société centrale des architectes et le Conseil municipal de la ville de Paris, constituent à notre point de
vue un ensemble d'autorité de premier ordre. — Si l'on
joint à cette autorité indéniable et incontestable, les
raisons que le bon sens, la raison et l'équité nous ont
suggérées et que nous avons développées dans les alinéas 14 et 15 : nous avons le droit de dire qu'il y a cer-
titude absolue sur la doctrine que nous émettons dans le
présent ouvrage.

FIN

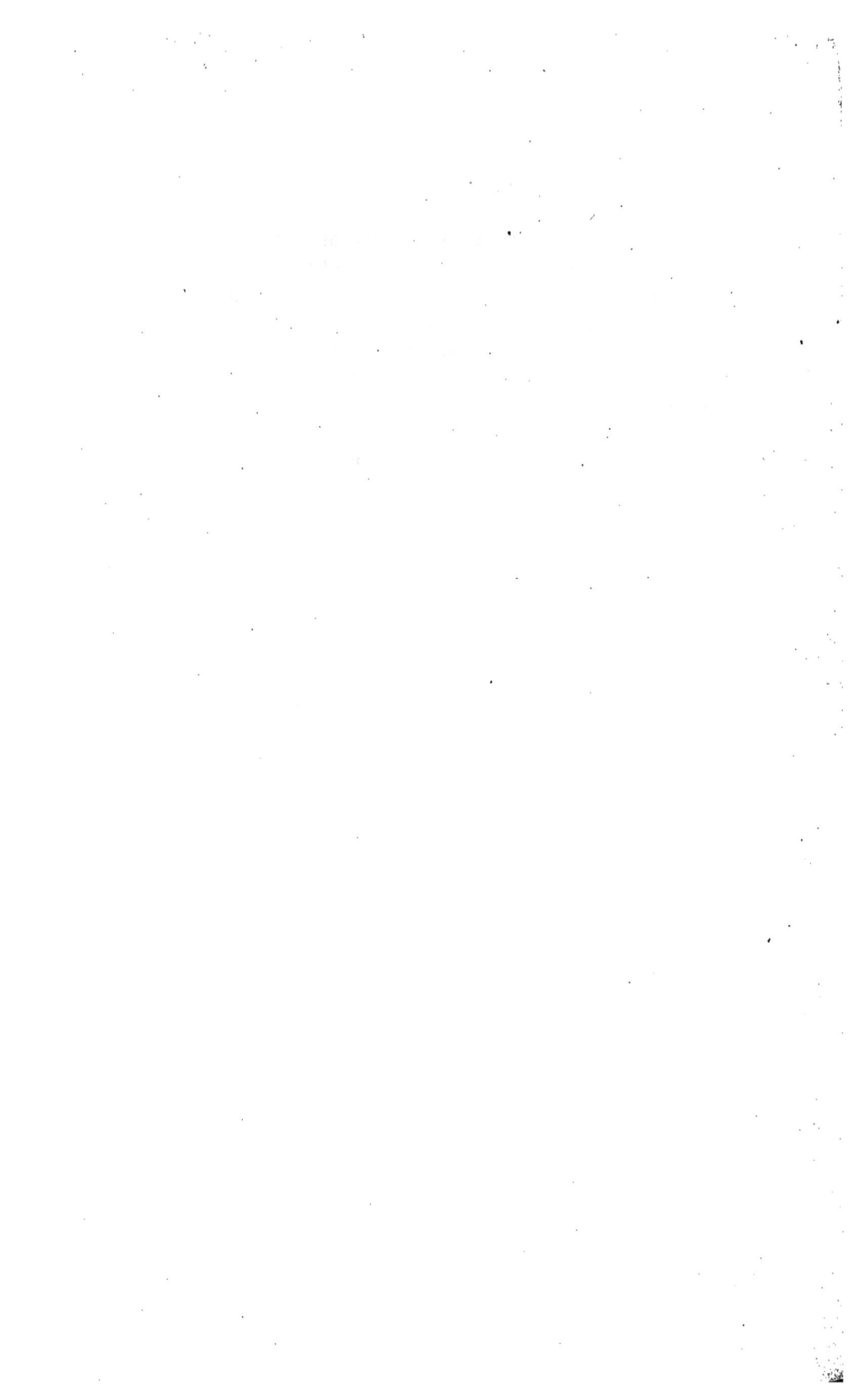

TABLE ALPHABÉTIQUE

ET

RÉPERTOIRE ANALYTIQUE

DES MATIÈRES CONTENUES DANS CET OUVRAGE AVEC RENVOIS

AUX DIVERS ALINÉAS DU LIVRE.

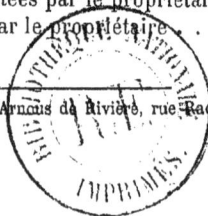

Paris. — Imprimerie Arnous de Rivière, rue Racine 26.

www.ingramcontent.com/pod-product-compliance
Lightning Source LLC
Chambersburg PA
CBHW060339200326
41519CB00011BA/1986